市場競争のための

Business Economics for Market Competition

ビジネス・エコノミクス

三上 真寛
MIKAMI Masahiro

学文社

まえがき

　本書は，ビジネス・エコノミクスのうち，特に市場で企業が繰り広げる競争に関係する事項を概説するものである。

　「ビジネス・エコノミクス」は，ビジネスという接頭辞こそ付いているものの，あくまでもエコノミクス，経済学の一種である。とは言え，経済学の中の特定の学説・学派の名称というわけではなく，経営に資するという目的で用いられる経済学の知識群の総称にすぎない。標準的な経済学と相容れない異説・異論が展開されるわけではないので，日本の大学では独立した科目として開講されている例も少ない。しかし，海外のビジネス・スクールでは，Managerial EconomicsやBusiness Economicsという名称の科目が数多く開講され，ビジネス・パーソンに必須の知識として提供されている。

　そのような意図で展開される経済学は，本当に経営に役立つのだろうか。経済学は抽象的なモデルを用いるがゆえに，個別具体的で活き活きとした描写や経験をもって語られる逸話に比べると，魅力に欠けて想像が難しい。しかし，たとえば需要曲線や需要の価格弾力性を知ると価格に応じた商品の売れ行きを検討しやすくなるように，多くの人が経験則で分かっていることを法則としてより明確に理解するためには，経済学のような抽象的なアプローチも有効であるに違いない。本書に含まれている物の見方や考え方が経営に役立つ場面も多々あるはずだと筆者は考えている。

　本書は二部構成となっており，標準的なミクロ経済学の理論を確認してから，次第に経営寄りの（しかし依然として経済学の）テーマへと移っていく流れとなっている。しばしば経済理論は上記のような事情で敬遠され，現実との接点が見いだされる前に放棄されてしまう。そのようなことがないように，本書は経済理論と現実のギャップに留意しつつ，その段差を徐々に埋めながら無理なく展開していくことを目指している。

第1部は，経済学における市場の捉え方の議論から始まり，標準的なミクロ経済学の理論を概説している。いわゆる完全競争市場を前提としているため，現実の市場とは程遠いように感じられるかもしれないが，その分，モデルは簡潔であり，第2部において必要となる理論的道具が得られる。本書のみで完結する記述を心がけたが，基本的な事項についての詳細な説明は，ミクロ経済学の入門書（たとえば，拙著『ミクロ経済学：基礎へのアプローチ』など）を参照して頂ければ幸いである。

　第2部は，第1部を前提として，より現実に近い市場構造の下での企業の戦略的行動に関わる事項をとりあげている。決して経営学で論じられるような経営戦略のすべてを網羅するものではないが，特に第1部で説明した概念や数理的なモデルを用いて説明が可能なテーマを中心にとりあげている。第2部は第1部に比べれば現実味が感じられることと思うが，その分，モデルはやや複雑にならざるを得ない。必要な数学的知識は最小限となるように心がけたが，むしろ数学を用いることで近道ができる箇所もある。適宜，巻頭の記号一覧や巻末の数学に関する補遺を参照して頂きたい。

　本書は経営や経済に関心のある多くの方に手に取って頂ければと願っているが，大学の授業の教科書として使うこともできるように，各章末には計算問題を付した。執筆にあたっては明快さと正確さを期したが，この2つはしばしば相反することがあるので，各テーマを専門とする研究者から見ても，経営の現場に携わるプロフェッショナルから見ても，目に余る箇所が多々あるかもしれない。ご指摘は甘んじて受けて将来の改訂に活かしていきたいが，ひとまずは筆者なりの試みとしてご寛恕頂ければ幸いである。

　　2022年3月

三 上 真 寛

目　次

記号一覧

AC (*average cost*)	平均費用
AVC (*average variable cost*)	平均可変費用
CS (*consumer surplus*)	消費者余剰
Δ (*delta*)	変化量，増分
$\dfrac{dy}{dx}$	y を x で微分
$\dfrac{\partial y}{\partial x}$	y を x で偏微分
D (*demand*)	需要
DWL (*deadweight loss*)	死重的損失
ε (*elasticity, epsilon*)	需要の価格弾力性
η (*elasticity, eta*)	需要の所得弾力性
E (*equilibrium*)	均衡
K (*capital; Kapital*)	資本
L (*labor*)	労働
MC (*marginal cost*)	限界費用
MR (*marginal revenue*)	限界収入
MRS (*marginal rate of substitution*)	限界代替率
MU (*marginal utility*)	限界効用
O (*origin*)	原点
p (*price*)	価格
π (*profit, pi*)	利潤
PS (*producer surplus*)	生産者余剰
q (*quantity*)	数量
r (*rental*)	資本レンタル料
S (*supply*)	供給
SS (*social surplus*)	社会的余剰
TC (*total cost*)	総費用
TE (*total expenditure*)	総支出
TR (*total revenue*)	総収入
TU (*total utility*)	総効用
U (*utility*)	効用
VC (*variable cost*)	変動費用
w (*wage*)	賃金
Y (*yield*)	所得，産出量
$*$ (*asterisk; star*)	均衡のときの

第 **1** 部

市場, 消費者, 企業の経済理論

第1章

市場のモデル化

1. 経済学・経営学と市場・企業

「見えざる手」と「見える手」

　経済学で代表的な人物を何人か挙げるとしたら，必ず思い浮かぶのがアダム・スミスであろう。道徳哲学者であったスミスは，今日では「経済学の父」と呼ばれ，『国富論』(1776) の中で述べた「見えざる手」(invisible hand) のフレーズで有名である。

　　「あらゆる個人は……公共の利益を促進しようと意図してもいないし，自分がそれをどれだけ促進しつつあるのかを知ってもいない。……かれは自分自身の利得だけを意図しているわけなのであるが，……見えない手に導かれ，自分が全然意図してもみなかった目的を促進するようになるのである」(アダム・スミス著，大内兵衛・松川七郎訳 (1965)『諸国民の富 (三)』岩波書店，56ページ)

これは後の経済学にとって非常に重要なアイデアになると同時に，現在においても多くの人々の共通理解となっている。スミスがな

Adam Smith
(1723-1790)

ぜこのような着想を得たのかを考えてみると，当時は18世紀後半，資本主義が確立していった時代である。産業革命によって生産技術が飛躍的に向上するとともに，市場が拡大して交換と分業（専門化）が進展した。そのような中でスミスは，市場を対象とする学問，今日で言うところの「経済学」の必要性を痛感し，国富論を執筆するに至ったのではないだろうか。その後の経済学の発展は，このスミスのアイデアを精緻化して

いった。そして，人々が自己の利益を追求して行動したとしても，その行動が互いにとって役立ち，経済全体で効率的な資源配分に至る仕組み（市場の価格メカニズム）があるのではないかということを解明してきた。

　他方の経営学は，経済学の知見をふまえつつも異なる視点を持っている。たとえば，経営史家のアルフレッド・チャンドラーは，主著の1つである『経営者の時代』(1977) の中で，「見える手」(visible hand) という言葉を使った。

> 「経済活動の調整と資源の配分にあたって，近代企業が市場メカニズムに取って代わった。経済の多くの部門において，マネジメントという"目に見える手"が，かつてアダム・スミスが市場を支配する諸力の"見えざる手"と呼んだものに取って代わった」（アルフレッド・D・チャンドラーJr.著，鳥羽欽一郎・小林袈裟治訳 (1979)『経営者の時代』東洋経済新報社，4ページ）

かつては市場が経済活動の中心であったが，今や企業が中心だという的確な現状認識である。確かに19世紀後半以降，市場で行われていた個々の取引の多くが，大きな企業組織の内部で行われ，経営者によって管理されるようになった。チャンドラーがこの本を書いた20世紀はもちろんのこと，今日においてもかつては見られなかった大企業の存在と役割は疑いようもない。その後，経営学はさらに発展し，市場の中で経済活動に携わるさまざまな組織体（企業等）やその運営や管理の実態を解明してきた。

　このように経済学は言わば「見えざる手」の世界を扱う学問，経営学は「見える手」の世界を扱う学問であり，本来的にはまったく視点が異なる分野であると言えよう。しかし，経営について考える際にどちらが必要になるかは一概には言えない。確かに19世紀後半以降，企業組織は大規模化してきたが，それは市場がまったく重要ではない，市場についてはまったく考えなくてよいということを意味しない。[1] まったく視点が異なる経済学と経

Alfred DuPont Chandler, Jr.
(1918-2007)

営学，まったく仕組みが異なる市場と企業のどちらか一方だけではなく，両方を見なければならないのであろう。そこで，この経済学と経営学の関係，言い換えれば市場と企業の関係についてもう少し考えておこう。

市場と企業

市場と企業の関係についてはこれまで経済学の中でもさまざまな議論があったが，たとえば，産業組織論の研究者であるデニス・ロバートソンという研究者は，企業組織を次のように表現した。

Dennis Holme Robertson
(1890-1963)

「あちらこちらで，確かに我々は，バターミルクの桶の中で凝固しつつあるバターの塊のような，無意識の共同作業の大海のなかの，意識的な力という島々を見いだしてきた」(Robertson, D. H. (1928), *The Control of Industry*, p.85[2])

昔は木でできた桶の中に生クリームを入れ，それを一所懸命に攪拌してバターの塊を作っていたそうである。図1-1の全体が桶だとすると，その全体がバターミルクのような「無意識の共同作業の大海」である市場，

その中にバターの塊のような「意識的な力という島々」として現れるのが企業組織である。このようにロバートソンは，まず市場があり，そこに意識を持っ

---

1) たとえば，経済学者のラングロワは消えゆく手 (vanishing hand) という仮説を提示し，次のように述べて市場の重要性を強調している。「チャンドラーが……論じたように，19世紀後半のアメリカにおける高スループット型生産の出現とともに，生産のコーディネーションは，市場のみえざる手から大規模垂直統合型企業の専門経営者のみえる手へとうつっていった。ここで私が論じるのは，市場が厚みを増し，その能力を高めていくにつれ，かつては複数単位型大企業（川上から川下にいたるバリュー・チェーンを構成している活動を複数担っている大企業）内でコーディネートされてきた諸機能の多くが，あらためて20世紀末に，市場をつうじてコーディネートされるようになったということである。」（リチャード・N・ラングロワ著，谷口和弘訳 (2011)『消えゆく手―株式会社と資本主義のダイナミクス』慶應義塾大学出版会，viiページ）

2) 訳の一部はロナルド・H・コース著，宮沢健一・後藤晃・藤垣芳文訳 (1992)『企業・市場・法』東洋経済新報社，51ページより。コースはロバートソンのこの表現を引用しながら，企業組織がなぜ存在するのかを問い，市場取引に伴う費用（取引費用）によってその存在を説明した。

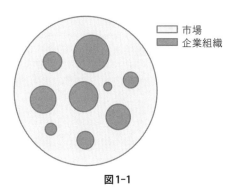

図1-1

凡例:
□ 市場
■ 企業組織

た人の力により企業が塊として現れてくると捉えていた。この見方は市場と企業組織の重要な違いを捉えてはいるが，普遍的な市場の存在を前提としている点において，あくまでも市場優位の見方であるとも言えよう。

　もう一人，ハーバート・サイモンの見方を紹介しておこう。サイモンは経済学者であり経営学者でもあった。ノーベル経済学賞を受賞しているが，経営学の経営組織論や意思決定論においても重要な功績を残している。サイモンは，もし社会構造の見える望遠鏡を持った火星人が地球に近づいたら，次のように見えるのではないかと述べた。

> 「企業組織は一面緑色の領域に見えて，その内側にはぼやけた輪郭で区切られた事業部や部署がある。市場取引は企業をつなぐ赤い線に見えて，企業間の空間でネットワークを成している。……企業の内部には（おそらく企業の間にも）薄い青い線が見えるが，それはさまざまなレベルの労働者を上司と結ぶ権威関係の線である。……母星に送るメッセージは，その眺めを説明して，「赤い線で相互に結ばれた巨大な緑色の諸領域」と言うだろう。決して「緑色の点々を結ぶ赤い線のネットワーク」とは言わないだろう。」(Simon, H. A. (1991), "Organizations and Markets," *Journal of Economic Perspectives*, vol. 5, no. 2, p. 27)

Herbert Alexander Simon
(1916-2001)

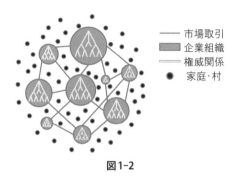

図1-2

サイモンはこの他に家族や村が小さい黒い点で見えると述べており，すべて示すと図1-2のようになるであろう。地球上で主要なのは市場取引ではなく企業組織であって，先入観なく見るならば，市場ではなく企業組織がまず目に付くのではないか，ということである[3]。先ほどのロバートソンの見方と比べると，サイモンの方が企業組織の役割を大きく見ていることは明らかであろう。

　以上のような例を見るだけでも，市場と企業の関係性，あるいはバランスをどのように捉えるか，理解するかというのは，非常に難しい問題だということが伺える。しかし，ロバートソンの見方に立つとしても，サイモンの見方に立つとしても，やはり市場取引の役割は多かれ少なかれ残ることになる。市場がどのような役割を果たし，企業に対してどのような影響を及ぼすのかということは，経済学における重要なテーマの1つである。

市場の分類

　そこで経済学ではやはり市場から出発し，その市場の分類によって，市場がどのくらいの力を持つのかを場合分けして考えていく。

　一般に多数の企業が競争している市場を完全競争市場と呼ぶ。完全競争市場は，市場の見えざる力，価格メカニズムが100％機能している市場である。言

3）したがってサイモンのこの寓話は，前注のロナルド・コースから発展した経済学の流れ（新制度派経済学）が市場中心主義的であることへの批判でもある。

い換えれば，経済活動の調整を主に担うのは市場であり，企業の経営努力の余地がほとんどない。企業組織にとってできることはほとんどなく，市場で与えられた価格で生産を行うのみである。

　他方，競争が不完全な市場を不完全競争市場と呼ぶ。供給者が1社のみの場合は独占市場，供給者が数社のみの場合は寡占市場，供給者が多数であるが競争が不完全な場合は独占的競争市場と呼ばれる。不完全競争市場は，市場の見えざる力，価格メカニズムが十分に機能しない市場である。言い換えれば，経済活動の調整を主に担うのは市場というよりも企業であり，企業にさまざまな戦略の余地が生じてくる。その場合，価格や価格メカニズムについて調べるだけでは分析が不十分となってしまう。

　おそらく多くの人々の関心があるのは，より現実に近い不完全競争市場の方であろう。それにも拘わらず，なぜ経済学では完全競争市場から考えていかなければならないのか。その理由の一つは企業に戦略の余地がないのはどのような状況か，なぜそうなるのかを理解するためである。完全競争市場では，多数の企業（生産者），多数の家計（消費者）が競争しているので，一企業は非常に小さい存在であり，影響力を持つことはない。そのように企業に戦略の余地がない状況を理解すれば，逆に企業に戦略の余地がある状況についても理解が深まる面がある。

　もう一つの理由は，完全競争市場は市場のモデルとして最も単純だからである。完全競争市場のモデルは現実の複雑な側面を捨象し，削ぎ落としているので，非常に単純になっている。それを見ると市場の価格メカニズムや見えざる手，競争による諸力がどのように働くかということを，最も明瞭に見出すことができる。そして，そのように最も単純な市場のモデルを作ると，そこから発展させてより複雑で現実に近い市場をモデル化するための道具が得られる。不完全競争市場について理解するためにも，完全競争市場が必要なのである。

2. 市場のモデル

市場の需要曲線と供給曲線

そこで最も単純な市場のモデル，市場の需要曲線と供給曲線から確認しよう。

ミクロ経済学で需要曲線や供給曲線のようなグラフ（図1-3）を作っていくときには，いくつか前提がある。まず，1つのグラフは通常1つの財・サービスの市場のみを表す。複数の財・サービスの需要や供給を集計して捉えるような見方は，マクロ経済学では登場するが，ミクロ経済学では登場しない。そして，市場には通常，多数の生産者（企業）と多数の消費者（家計）がいると考える。つまり，完全競争市場である。グラフの横軸には財・サービスの数量，縦軸には価格をとる。もちろん現実の市場では，財・サービスが売れるかどうかは価格や数量だけではなく，人々の好みや流行や景気などによっても左右されるが，そのようなその他の事情は一旦置いておかなければならない。「他の事情が同じならば」と仮定したうえで，価格と数量の間の関係，法則に注目する。

通常，財・サービスは，価格が低いほど，より多くの消費者がより多くの量を需要するため，需要量が多くなる。したがって，需要曲線は右下がりの曲線（直線）である。他方，価格が高いほど，より多くの生産者がより多くの量を供給するため，供給量が多くなる。したがって，供給曲線は右上がりの曲線（直線）である。

需要曲線と供給曲線の交点（均衡点）では，需要量と供給量が釣り合っており，均衡，つまり釣り合いが取れてそれ以上変化する傾向のない状態にある。均衡点における価格を均衡価格 p^*，均衡点における数量を均衡数量 q^* と呼ぶ。[4]

このように，通常，需要と供給の関係により価格は1つに定まり，同一の財・サービスには同一の価格しか成立しない（一物一価の法則）。もし同じものに異

---

4) たとえば，市場の需要曲線が $D = 1000 - p$，供給曲線が $S = p$ という式で表されるとき，均衡点では $D = S$ となることから，$1000 - p^* = p^*$ より，$p^* = 500$，さらに，この均衡価格を需要曲線（または供給曲線）の式に代入すると，$q^* = 1000 - p^* = 500$（または $q^* = p^* = 500$）となり，均衡価格と均衡数量を求めることができる。

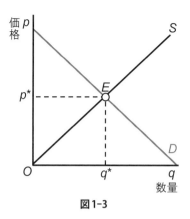

図1-3

なる価格がついていたとしたら，裁定取引（価格差を利用した取引）が生じる。安く買えるところで買って高く売れるところで売るという取引が繰り返されると，価格差は次第に縮まっていき，1つの財・サービスには1つの価格が成立するからである。

　では，均衡点にないときにはどのように調整が進んでいくのか。以下で3種類の調整過程を確認していこう。

ワルラス的調整過程（価格調整）

　1つ目はワルラス的調整過程，価格調整と呼ばれるものである。[5]先ほどと同じグラフを横に輪切りにして考えていく（図1-4）。

　価格が均衡点よりも高いとき（$p=p_1$），供給超過，つまり，需要量よりも供給量が多くなっている状態（需要量＜供給量）であるので，売りたくても売れない生産者が生じている。需要と供給の差の部分は売れ残り（超過供給）であり，売れ残りが生じているときには価格が下落していく。

　価格が均衡点よりも低いとき（$p=p_2$），需要超過，つまり，供給量よりも需要量が多くなっている状態（需要量＞供給量）であるので，買いたくても買え

5）レオン・ワルラス著，久武雅夫訳（1983）『純粋経済学要論：社会的富の理論』岩波書店。

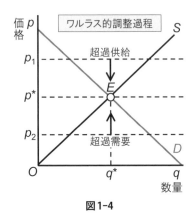

図1-4

Marie Esprit Léon Walras
(1834-1910)

ない消費者が生じている。需要と供給の差の部分は売り切れ（超過需要）であり，売り切れが生じているときには価格が上昇していく。

　価格がこのようにして上下に調整された結果，ちょうど均衡点の高さに等しいとき（$p = p^*$），需要量と供給量が等しくなる。市場全体で見ると，均衡価格で生産者が売りたいだけ売り，消費者が買いたいだけ買うことができている。

　このような価格による調整の仕方は，たとえば夕方のスーパーに行くとよく目にするものである。売れ残った惣菜の値段が次第に値引かれて売れるようになり，価格の下落によって需要と供給が調整されている。そのように既に生産済みのものを販売していくような市場，あるいは既に一定量の資産があってそれが売買されていく株式市場のような資産市場の場合には，主に価格の調整によって市場の需給が調整されていく。

マーシャル的調整過程（数量調整）

　2つ目はマーシャル的調整過程，数量調整と呼ばれるものである。[6] 先ほどと同じグラフを今度は縦に輪切りにして考えていく（図1-5）。その際，横軸から

6）アルフレッド・マーシャル著，永澤越郎訳（1991）『経済学原理（第3分冊）』岩波ブックサービスセンター。

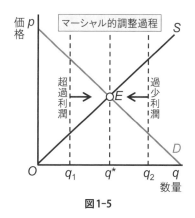

図1-5

Alfred Marshall
（1842-1924）

　需要曲線に至るまでの高さを需要価格と呼び，横軸から供給曲線に至るまでの高さを供給価格と呼ぶ。需要価格は，ある数量のものを消費者が買うときに払ってもよいと思う最高限の価格であり，供給価格は，ある数量のものを生産者が売るときに受け取りたいと思う最低限の価格（通常は生産費用に等しい）である。

　数量が均衡点よりも少ないとき（$q = q_1$），需要価格が供給価格より高くなっている状態（需要価格＞供給価格）である。言い換えれば，消費者が払ってもよいと思う価格が生産者が受け取りたいと思う価格を上回っているので，ここで生産販売を行うと，需要価格と供給価格の差の部分が生産者の超過利潤（通常以上の利潤）として生じる。このとき，生産者は通常以上に儲かるわけなので，供給をさらに増やそうとし供給量が増加する。

　数量が均衡点よりも多いとき（$q = q_2$），供給価格が需要価格より高くなっている状態（需要価格＜供給価格）である。言い換えれば，消費者が払ってもよいと思う価格が生産者が受け取りたいと思う価格を下回っているので，ここで生産販売を行うと，供給価格と需要価格の差の部分は生産者が損をすることになる。その分，生産者の利潤は過少利潤（通常以下の利潤）となるので，生産者は供給を減らそうとし供給量が減少する。

　数量がこのように増減して調整された結果，ちょうど均衡点の数量に等しいとき（$q = q^*$），需要価格と供給価格が等しくなり，均衡数量における生産者の

超過利潤はちょうどゼロ（正常利潤のみ）になる。

　このような数量による調整の仕方は，たとえば受注生産の場合によく見られるものである。既に生産済みのものを販売するのではなく，受注してから生産を行うような市場の場合には，生産者は採算のとれる数量で生産を行い，主に数量の調整によって市場の需給が調整されていく。

蜘蛛の巣的調整過程

　3つ目はカルドアが考えた蜘蛛の巣的調整過程と呼ばれるものである[7]。これはワルラス的調整過程と同じように価格に応じて供給量がまず決まるが，その供給量の実現までに時間がかかる場合，需要と供給にタイムラグが生じる場合である（図1-6）。

　均衡点より高い価格p_1から出発して考えてみると，価格がp_1のとき，生産者は供給量q_1を供給しようとするが，この供給が実現するまでに時間がかかる場合，実際に供給されるときには価格がp_2まで下落している恐れがある。すると，価格がp_2のとき，生産者が供給すべき数量はq_2である。ところが，供給量をq_2に減らすために時間がかかるとすると，供給時には価格がp_3まで上昇している恐れがある。価格がp_3のとき，生産者が供給すべき量はq_3である。ところが，実際にこのq_3を供給するときには価格が下がっているはずである。

　価格と数量がこのように調整された結果，ちょうど均衡点の価格と数量に等しくなると（$p = p^*, q = q^*$），需要量と供給量が等しくなる。

　このような価格と数量による調整の仕方は，たとえば農作物や畜産物など，生産に時間がかかる場合によく見られるものである。価格に応じて供給量をすぐに調整することができない場合，価格の調整と数量の調整の両方が生じ，タイムラグを伴いながら市場の需給が調整されていく。

---

7) Kaldor, N. (1934), "A Classificatory Note on the Determinateness of Equilibrium," *The Review of Economic Studies*, vol. 1, no. 2, pp. 122-136.

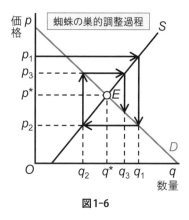

図1-6

Nicholas Kaldor
（1908-1986）

3. 均衡の安定性

ワルラス的調整過程の安定性

　図1-7には需要曲線と供給曲線の傾きをさまざまに変えて6つの異なるグラフが描かれている。このうち，先ほどのワルラス的調整過程によってきちんと均衡に向かうものは，(1)と(2)と(3)のみである。

　まず，価格が均衡点よりも高いとき，(1)，(2)，(3)はいずれも供給超過の状態にあり，価格は下落していくはずである。他方，(4)，(5)，(6)はいずれも需要超過の状態にあり，価格は上昇していくはずである。

　次に，価格が均衡点よりも低いとき，(1)，(2)，(3)はいずれも需要超過の状態にあり，価格は上昇していくはずである。他方，(4)，(5)，(6)はいずれも供給超過の状態にあり，価格は下落していくはずである。

　したがって，ワルラス的調整過程により，(1)，(2)，(3)は均衡点に近づいていくのに対して，(4)，(5)，(6)は均衡点から離れていってしまうことが分かる。ワルラス的調整過程によって均衡が安定的となるのは，価格が均衡点より高いときに需要曲線が供給曲線より左，価格が均衡点より低いときに需要曲線が供給曲線より右にある場合である。

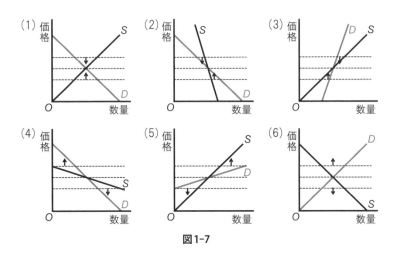

図1-7

マーシャル的調整過程の安定性

　先ほどと同じ6つのグラフについて，マーシャル的調整過程によってきちんと均衡に至るものは，(1)と(4)と(5)のみである（図1-8）。

　まず，数量が均衡点よりも少ないとき，(1)，(4)，(5)はいずれも需要価格が供給価格を上回って超過利潤が生じるので，数量が増加していくはずである。他方，(2)，(3)，(6)はいずれも需要価格が供給価格を下回って利潤が過少となるので，数量が減少していくはずである。

　次に，数量が均衡点よりも多いとき，(1)，(4)，(5)はいずれも需要価格が供給価格を下回って利潤が過少となるので，数量が減少していくはずである。他方，(2)，(3)，(6)はいずれも需要価格が供給価格を上回って超過利潤が生じるので，数量が増加していくはずである。

　したがって，マーシャル的調整過程により，(1)，(4)，(5)は均衡点に近づいていくのに対して，(2)，(3)，(6)は均衡点から離れていってしまうことが分かる。マーシャル的調整過程によって均衡が安定的となるのは，数量が均衡点より少ないときに需要曲線が供給曲線より上，数量が均衡点より多いときに需要曲線が供給曲線より下にある場合である。

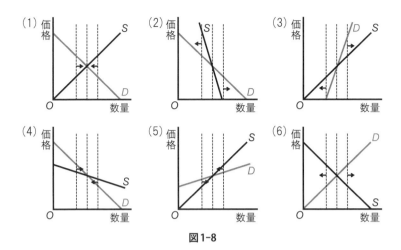

図1-8

蜘蛛の巣的調整過程の安定性

　蜘蛛の巣的調整過程で安定的な均衡はどれか。

　先ほどと同じ6つのグラフについて，蜘蛛の巣的調整過程によってきちんと均衡に至るものは，(2)と(5)のみである（図1-9）。

　それぞれある価格から出発し，その価格に対する供給量，その供給量に対する価格，その価格に対する供給量と辿っていくと，(2)，(5)は均衡点に近づい

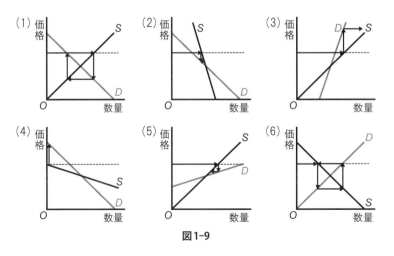

図1-9

ていくが，(3)，(4)は均衡点から離れていってしまう。(1)，(6)は需要曲線と
供給曲線の傾きの絶対値が同じなので同じところをぐるぐると回ってしまい，
均衡に至ることができない。

　蜘蛛の巣的調整過程によって均衡が安定的となるのは，需要曲線に比べて供
給曲線の方が勾配（傾きの絶対値）が大きい場合である。

4. 均衡の最適性

資源配分の最適性

　市場で需要量と供給量が一致していることは，社会の全体にとってはどのよ
うな意味で望ましいのか，均衡の最適性について確認しておこう。余剰分析と
いう手法で，消費による便益，生産にかかる費用，社会全体の利益を考える。
消費による便益を考えるときは，需要曲線が表す需要価格（消費者が払ってもよ
いと思う価格）に注目する。生産にかかる費用を考えるときは，供給曲線が表
す供給価格（生産者が受け取りたいと思う最低限の価格であり，生産の費用に等しい）
に注目する。そして，社会全体の利益を考えるときは，希少資源を費やして財・
サービスを生産し，一方でその消費から便益を享受していると捉える。消費に
よる便益から生産にかかる費用を差し引いたものが社会全体の利益であり，社
会的余剰と呼ばれる（社会的余剰＝消費による便益－生産にかかる費用）。

　図1-10のように均衡点の数量q^*を生産・消費するとき，横軸の数量が0か
らq^*までの範囲で需要価格を考えると，消費による便益は灰色部分　　　で
ある。同じように供給価格を考えると，生産にかかる費用は斑点部分　　　で
ある。消費による便益（灰色部分）から生産にかかる費用（斑点部分）を除いて
残る斜線部分　　　が社会全体の利益，社会的余剰である[8]。

　図1-11のように均衡点より少ない数量q_1を生産・消費するとき，横軸の数

8）たとえば，市場の需要曲線が$D=1000-p$，供給曲線が$S=p$であるとき，均衡点における社会的余
　剰（図の斜線部分）の三角形の面積を計算すると，$500 \times 1000 \times \frac{1}{2} = 250000$である。

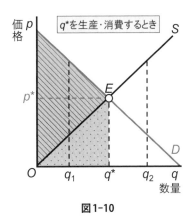

図1-10

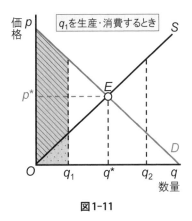

図1-11

量が0からq_1までの範囲で需要価格を考えると，消費による便益は灰色部分である。同じように供給価格を考えると，生産にかかる費用は斑点部分である。消費による便益（灰色部分）から生産にかかる費用（斑点部分）を除いた残りの斜線部分が社会全体の利益，社会的余剰である。図1-10の均衡点の数量を生産・消費する場合に比べると，社会的余剰が減少している。生産・消費する数量をもっと増やせば，社会的余剰が増大するはずである。

　逆に，図1-12のように均衡点より多い数量q_2を生産・消費するとき，横軸の数量が0からq_2までの範囲で需要価格を考えると，消費による便益は灰色部分である。同じように供給価格を考えると，生産にかかる費用は斑点部分である。消費による便益（灰色部分）から生産にかかる費用（斑点部分）を除いた残りの斜線部分が社会全体の利益，社会的余剰である。ただし，均衡点の前後で需要曲線と供給曲線の上下が逆になっていることに注意しなければならない。数量が0からq^*までの範囲は，消費による便益が生産にかかる費用を上回っているので，社会的余剰の中身は正（プラス）である。しかし，数量がq^*からq_2までの範囲は，消費による便益が生産にかかる費用を下回っているので，社会的余剰の中身は負（マイナス）である。したがって，図1-10の均衡点の数量を生産・消費する場合に比べると，社会的余剰が減少している。生産・消費する数量をもっと減らせば，社会的余剰が増大するはずである。

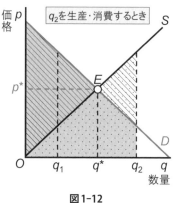

図1-12

　以上より，社会的余剰が最大になるのは，図1-10のように均衡点の数量 q^* で生産・消費するときであることが分かる。社会全体の利益がそこで最大になるということは，社会的に見て資源配分が最適であることを意味する。

《計算問題》

・ある市場の需要曲線が $D = 1000 - p$，供給曲線が $S = p$ であるとき，均衡点における均衡価格 p^*，均衡数量 q^*，社会的余剰を求めなさい。（ヒント：注4，注8参照）

$$（答え：p^* = 500, \quad q^* = 500, \quad SS = 250000）$$

・ある市場の需要曲線が $D = 1000 - 2p$，供給曲線が $S = 3p$ であるとき，均衡点における均衡価格 p^*，均衡数量 q^*，社会的余剰を求めなさい。

$$（答え：p^* = 200, \quad q^* = 600, \quad SS = 150000）$$

第2章
需要と消費行動(1)：1財モデル

1. 消費者と効用

消費者の需要を左右する要因

　消費者の需要を左右する財・サービスの属性には，価格・数量，品質・性能，ブランド・評判，流行・トレンドなどが考えられる。このうち経済学の主な分析対象としてモデルに登場するのは，価格と数量である。価格・数量以外の言わば質的な側面は，経済学の主な分析対象ではない。既に与えられているもの，所与として扱われる。その他に消費者自身の嗜好の変化や他の消費者からの影響も考えられるが，これらはモデルの内部ではなく外生的な変化，「外部効果」として扱われる。質的な側面に変化があった場合も，同様にモデルの外生的な変化，外部効果として扱われる。

　財・サービスの質的な側面をどのように捉えるかという問題は，第1章で述べた市場の分類と密接な関係にある。通常，市場は財の種類ごとに別個の市場とみなされる。特に完全競争市場では，多数の生産者（企業）がまったく同質の財を供給して競争していると考える。不完全競争市場の独占市場については，供給者が一社しかいないため，同質であることが前提である。供給者が数社の寡占市場や供給者が多数の独占的競争市場では，同質な財・サービスを供給して競争している場合もあれば，それぞれが異なる財・サービスを供給して競争している場合もある。以下では，ひとまず基本となる完全競争市場のモデルを考えていくので，財の同質性を前提としている。

効用関数としての消費者

　消費者は経済学では効用関数として捉えられる（図2-1）。関数（函数）とは，

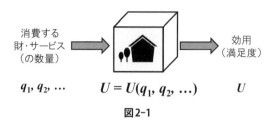

消費する
財・サービス
（の数量）

効用
（満足度）

$q_1, q_2, \dots$ $U = U(q_1, q_2, \dots)$ U

図2-1

何かを入れたとき何かが出てくる箱のようなものである。この箱に何か消費する財・サービスの数量が与えられると，効用（満足度）が生じる。消費する財・サービスの数量をq，効用（満足度）をUを使って表すと，効用関数は$U = U(q_1, q_2, \dots)$のように表される。これは消費する財・サービスの数量$q_1, q_2, \dots$によって効用Uが決まるということを意味する。

　では，消費する財・サービスからどのようにして効用（満足度）が生じるのか。実はこの箱の中の仕組みについて伝統的なミクロ経済学はあまり分析してこなかった。たとえば消費者がどのようにして満足を得るのか，あるいは消費者の選好（好み）がどのようにして形成されるのか，といった問題までは考えない。そうしたことは外から見て観測できないので，伝統的なミクロ経済学では既に与えられているもの，「所与」として扱われてきた。伝統的なミクロ経済学では，結果として生じる効用（満足度）の水準だけを問題とする。

　しかしながら，効用（満足度）の水準についてもさまざまな議論があり得る。1つは，人の効用（満足度）は主観的なものであるから，客観的に測定することができないのではないか，つまり効用の測定可能性という問題である。もう1つは，人の効用（満足度）は主観的なものであるから，異なる個人の間で効用の大きさを比較することはできないのではないか，つまり効用の比較可能性という問題である。これらは哲学的に非常に重要な問題ではあるが，ここでは人は自身の効用（満足度）を貨幣額（貨幣的評価）で表すことができると考えておこう。貨幣額で表された効用は価格と同じ尺度で大小を比較することができる。このように絶対的な大きさが意味を持つ効用の考え方を基数的効用と呼ぶ。[9]

9）これに対し，序数的効用という考え方がある。第3章注19参照。

2. 限界効用と効用最大化

効用 (1財の場合)

　一般に消費するものの数量を横軸，消費者の効用 (満足度) を縦軸にとると，図2-2のような上に凸の右上がりのグラフになるとされている。右上がりであるということは，ある財・サービスの消費から消費者が得る効用が，消費する数量に伴って増加していくことを示している。それに加えてグラフが上に凸であるということは，その効用の増分 (図2-2の灰色部分) が，消費する数量に伴って次第に減少していくことを意味する。効用が増加するということと，その増加の仕方が緩やかになるということは，まったく矛盾しない。

　たとえば図2-2のように，消費者Aの効用が1つ消費したときは600，2つ消費したときは1,000，3つ消費したときは1,250，4つ消費したときは1,400，5つ消費したときは1,500，6つ消費したときは1,550であったとする。このとき，効用の全体ではなく効用の増分，増えた部分に注目していくと，1つ目を消費するときは600，2つ目を消費するときは400，3つ目を消費するときは250，4つ目を消費するときは150，5つ目を消費するときは100，6つ目を消費するときは50であることが分かる。この図2-2で灰色の部分を「限界効用」と呼ぶ。このグラフが示しているように，通常，限界効用が消費量の増加に伴って次第に減少していくことを限界効用逓減の法則と呼ぶ。

　なぜ限界効用は逓減するのか。それは同じ財を消費し続けると欲求が飽和していくためである。食べ物を食べ続けると満腹になって飽き始める。車を何台も欲しいと思う人でも1台買うとある程度満足して2台目以降は飽き始めるかもしれない。また，同じ財がさまざまな用途に効用が高い順に使われていくためである。多くの食べ物を得たとき，最初の食べ物は必要最低限の食事となるが，その後は余分な食事となっていくかもしれない。あるいは，車を何台も所有しているとき，最初の車は通勤に不可欠な車となるかもしれないが，その後は休暇用の車になるかもしれない。そして，同じ財を多数保有すると不効用が生じるためである。どのようなものでも消費しきれない数量を購入すれば，品

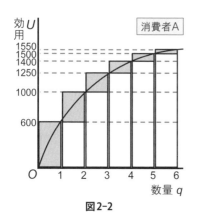

図2-2

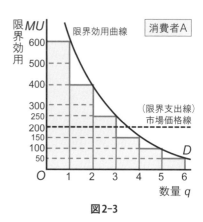

図2-3

質の劣化や保管費用が生じる。

　以上のことから，一定期間の消費を考える限り，限界効用は逓減していく，徐々に小さくなっていくと経済学では考えられている。

限界効用と限界支出

　先ほどの限界効用の部分だけを取り出して別のグラフに書き直すと，図2-3のようになる[10]。横軸は消費するものの数量，縦軸は限界効用である。限界効用は，追加1単位から得る効用，言い換えれば，消費者が追加1単位に払ってもよいと思う最高限の価格を表している。他方，限界支出を考える。限界支出は，追加1単位に対する消費者の支出，消費者が追加1単位に実際に払う市場価格である。

　今，市場価格が200円だとすると，200円のところに市場価格線（限界支出線）が引かれる（図2-3）。すると消費者は，限界効用と市場価格（限界支出）を比較して，追加1単位を消費するか否かを決定していく。たとえば，1つ目は限界効用が600で市場価格が200なので，限界効用が市場価格を上回っている（限界

---

10) 効用関数が数式で与えられている場合，それを微分したものが限界効用である。たとえば，ある財の数量を q として，効用関数が $U = -q^2 + 100q$ であるとき，限界効用 (MU) は，$MU = \dfrac{dU}{dq} = -2q + 100$ となる。（微分の計算方法については，巻末の数学に関する補遺を参照。）

効用≧市場価格）。この場合，消費者は購入するはずである。2つ目，3つ目も同様である。他方，4つ目は限界効用150に対して市場価格が200なので，限界効用の方が市場価格を下回っている（限界効用＜市場価格）。この場合，消費者は購入しない。5つ目，6つ目も同様である。

　結局のところ，消費者は限界効用曲線（階段状の線）と市場価格線（限界支出線）の交点で購入量（3つ）を決定していることが分かる。限界効用曲線がこのような棒グラフではなく滑らかな曲線で表されている場合も，同じように限界効用曲線と市場価格線の交点で購入量（もし中途半端な買い方が可能ならば約3.5個）が決まる。

　以上のように消費者は市場で価格が決まっていたらその価格を受け入れ，自らがいくつ消費するかを決定する。これをプライス・テーカーの仮定と呼ぶ。個々の消費者が価格交渉力を持たないプライス・テーカー（価格受容者）であると仮定されるのは，完全競争市場を考えているからである。完全競争市場には多数の消費者がいるため，一人の消費者が市場に影響を与えることはできない。もし一人の消費者が交渉によって価格を引き下げようとしても，企業は他の大勢いる消費者に元の価格で売ることができてしまうからである。もちろん，消費者が一人しかいない場合（需要独占市場）や多数の消費者が団結した場合には，消費者はプライス・テーカーではなくなるが，完全競争市場では常に消費者はプライス・テーカーであると仮定される。

効用最大化と消費者余剰

　消費者は市場価格を受け入れるしかないが，その下で財・サービスの消費から得られる効用（満足度）が最大になるように行動する。これは効用最大化原理と呼ばれ，経済学における消費者の行動原理である。その際，消費者余剰という重要な概念がある。

　　　消費者余剰＝総効用－総支出

たとえば，先ほどの例のように市場価格が200円のとき，総効用は，600＋400

＋250＝1,250円，総支出は，200×3＝600円である。このとき，消費者余剰は，1,250－600＝650円となり，図2-4の斜線部分である。

この消費者余剰の部分は，消費者が実際に支払っている金額（総支出）以上の効用（満足度）を得ていることを意味する。つまり，消費者にとっての価値とは消費者が支払う価格ではないということである。後で再び説明するが，この消費者余剰は，消費者のお得感や顧客満足度に関係する概念である。

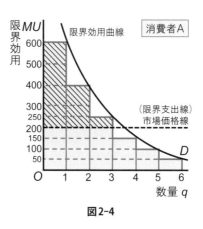

図2-4

個別需要曲線

以上をふまえると，市場価格が変われば消費者の効用が最大となる需要量も変わることになる。この消費者の需要量は，価格が600のとき1つ，価格が500のとき1つ，価格が400のとき2つ，価格が300のとき2つ，価格が200のとき3つ，価格が100のとき5つである。

このように限界効用曲線と市場価格が与えられれば，限界効用＝市場価格となる数量で，その財・サービスに対する一消費者の需要量が決定される[11]。したがって，限界効用曲線のことを個別需要曲線と呼ぶことができる。限界効用曲線は，ある財・サービスの市場価格と，その財・サービスに対する一消費者の

11）前注のように効用関数，限界効用が数式で与えられている場合，これは容易に計算することができる。たとえば，限界効用が$MU＝-2q+100$，市場価格が$p＝50$であるとき，効用が最大となる消費量は$-2q+100＝50$より，$q＝25$である。

需要量との関係を表す，個別需要曲線である。

3. 市場需要曲線と価格弾力性

複数の消費者の個別需要曲線

先ほどの消費者Aに加えて，消費者BとCの限界効用曲線（個別需要曲線）が図2-5のようになっていたとする。消費者Aは先ほど見たように消費量は3つ，消費者余剰は650円であった。同じように考えると，消費者Bは消費量1つ，消費者余剰100円，消費者Cは消費量2つ，消費者余剰300円である。[12]

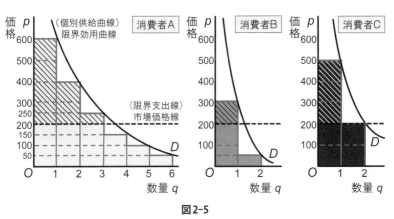

図2-5

市場需要曲線

今仮に市場全体に消費者がA，B，Cの3人しかいなかったとすると，先ほどの3人の棒グラフをバラバラにして長さの長い順に並べ直すと，市場全体の需要曲線ができる（図2-6）。このように並べ直した後，棒グラフの右上の角を結ぶと滑らかな曲線の市場需要曲線が現れる。[13]

---

12) このように各消費者が同じ市場価格の下で効用を最大化するとき，すべての消費者の限界効用が等しくなる。

13) 仮にすべての消費者の嗜好が同じで，限界効用が数式で与えられている場合，この集計作業は計算により行うことができる。たとえば，限界効用が $MU=1000-100q$ の消費者が100人いるとき，$p=MU$ より1消費者の需要量は $q=10-\dfrac{p}{100}$ であるので，市場全体の需要量は $D=100\times\left(10-\dfrac{p}{100}\right)=1000-p$ である。

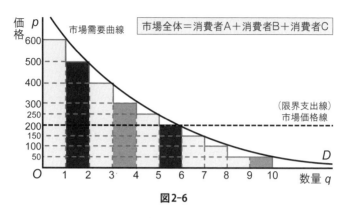

図2-6

　市場需要曲線は，ある財・サービスの市場価格とその財・サービスに対する市場全体の需要量との関係を表す曲線である。

　先ほどまでと同様に市場価格が200円であるとしたら，200円のところに市場価格線が引かれる（図2-7）。このとき，市場全体（ここでは消費者3人分）の消費量と消費者余剰はいくらか。市場需要曲線と市場価格線が数量6のところで交わっているので，市場全体の消費量は6である。市場全体の消費者余剰は，先ほどの各消費者の消費者余剰650円，100円，300円を合計すると，650＋100＋300＝1,050円となる。あるいは，市場全体の消費者余剰は図2-7の斜線部分であるので，個別需要曲線のときと同じように計算して面積を求めてもよい。

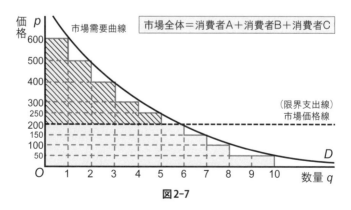

図2-7

市場全体で6つ消費するときの総効用は，$600+500+400+300+250+200=$ 2,250円であり，そこから総支出である$200 \times 6 = 1,200$円を引くと，$2,250-1,200=1,050$円となる。

　市場全体で消費者余剰が生じているということは，消費者らが実際に支払う金額以上の効用（満足度）を得ていることを意味する。特に市場全体で見ると，同じ財・サービスに同じ金額を払っていても，消費者によって効用（満足度）が異なっていることが分かる（図2-6）。これは企業にとっては「顧客満足度」であると同時に，さらなる利潤獲得（売上高増）の機会を意味する。もし先ほどの6つを同一の価格で販売すると，企業の売上高は$200 \times 6 = 1,200$である。しかし，もし6つをそれぞれ異なる価格で販売（価格差別）できれば，企業の売上高は消費者の総効用と同じになるので，最大で2,250円まで増える。この手法は価格差別と呼ばれるものだが，詳しくは第10章で説明する。

需要の価格弾力性

　需要曲線についてもう一つ大事なのはその傾き具合である。図2-8と図2-9には傾きの違う需要曲線が2つ描かれている。どちらの需要曲線においてもp_1からp_2に価格が下落すると，q_1からq_2へと需要量が増える様子が示されている。

　このとき，図2-8のように価格の下落に対して需要量が弾みをつけたように

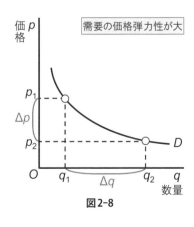

図2-8

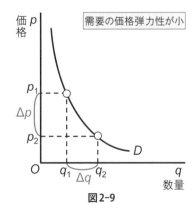

図2-9

大きく伸びる場合，需要の価格弾力性が大きいと言う。このように需要が価格に対して弾力的となるのは，主に奢侈品など，消費者が価格の変化に対して比較的敏感な財・サービスの場合である。たとえば，海外旅行，電化製品の買い替え，宝飾品などは，消費の先送りがしやすいことから，価格が下がったときに需要量が大きく伸びる傾向がある。他方，図2-9のように価格が下落したときに需要量があまり弾みをつけて伸びない場合，需要の価格弾力性が小さいと言う。このように需要が価格に対して非弾力的となるのは，主に必需品など，消費者が価格の変化に対して比較的鈍感な財・サービスの場合である。たとえば，米，野菜，味噌，醤油などがそうであるが，特に消費期限が短くストックの効かないものは，価格が下がっても需要量があまり伸びない傾向がある。

　以上のように需要の価格弾力性とは，需要が価格の変化によってどの程度変化するかを示す係数である。需要曲線上の2点が判明しているとき，需要の価格弾力性は次式により計算される[14]。

$$
\text{需要の価格弾力性}\ \varepsilon = -\frac{\text{需要の変化率}(\%)}{\text{価格の変化率}(\%)}
$$

$$
= -\frac{\dfrac{\text{需要の変化量}(\Delta q)}{\text{中間点の需要量}(q_m)}}{\dfrac{\text{価格の変化量}(\Delta p)}{\text{中間点の価格}(p_m)}} = -\frac{\dfrac{q_2 - q_1}{\dfrac{q_1 + q_2}{2}}}{\dfrac{p_2 - p_1}{\dfrac{p_1 + p_2}{2}}}
$$

計算した値が1よりも大きいときは奢侈品，1よりも小さいときは必需品である。図2-8や図2-9の需要曲線上の2点が具体的に分かっているときは，上記の式

---

14) ここに示しているのは，需要曲線上の2点に関する弾力性（弧弾力性）を中間点を用いて計算する方法（中点法）であるが，中間点を使わずに変化前の需要と変化前の価格を用いて計算する方法もある（ただし，その場合，同じ2点でも需要の変化の方向により，値が異なる結果となり得る）。

$$
\text{需要の価格弾力性}\ \varepsilon = -\frac{\text{需要の変化率}(\%)}{\text{価格の変化率}(\%)} = -\frac{\dfrac{\text{需要の変化量}(\Delta q)}{\text{変化前の需要量}(q_1)}}{\dfrac{\text{価格の変化量}(\Delta p)}{\text{変化前の価格}(p_1)}} = -\frac{\dfrac{q_2 - q_1}{q_1}}{\dfrac{p_2 - p_1}{p_1}}
$$

に当てはめて需要の価格弾力性を計算することができる。たとえば，価格が600のときの需要量が400，価格が400のときの需要量が600であるとしたら，需要の価格弾力性は，

$$\varepsilon = -\frac{\dfrac{600-400}{500}}{\dfrac{400-600}{500}} = -\frac{\dfrac{2}{5}}{\dfrac{-2}{5}} = 1$$

である。

　需要の価格弾力性が重要であるのは，その大小によって価格が変化したときに売上高に与える影響が異なるためである。

　需要の価格弾力性 $\varepsilon = -\dfrac{需要の変化率（\%）}{価格の変化率（\%）} = 1$ のとき，価格の変化率と需要の変化率が等しくなる。価格が10％下落すると，需要量は10％増加し，売上高は99％に減少する（$0.9 \times 1.1 = 0.99$）。価格が10％上昇すると，需要量は10％減少し，売上高は99％に減少する（$1.1 \times 0.9 = 0.99$）。

　需要の価格弾力性 $\varepsilon = -\dfrac{需要の変化率（\%）}{価格の変化率（\%）} = 2$（$>1$）のとき，価格の変化率の2倍需要が変化する。価格が10％下落すると，需要量は20％増加し，売上高は108％に増加する（$0.9 \times 1.2 = 1.08$）。価格が10％上昇すると，需要量は20％減少し，売上高は88％に減少する（$1.1 \times 0.8 = 0.88$）。

　需要の価格弾力性 $\varepsilon = -\dfrac{需要の変化率（\%）}{価格の変化率（\%）} = 0.5$（$<1$）のとき，価格が10％下落すると，需要量は5％増加し，売上高は94.5％に減少する（$0.9 \times 1.05 = 0.945$）。価格が10％上昇すると，需要量は5％減少し，売上高は104.5％に増加する（$1.1 \times 0.95 = 1.045$）。

また，変化量 $\Delta q, \Delta p$ を微小と考えて微分法を用いると，需要曲線上の1点に関する弾力性（点弾力性）を次式により計算することができる。

$$需要の価格弾力性 \ \varepsilon = -\frac{需要の変化率}{価格の変化率} = -\frac{\dfrac{dq}{q}}{\dfrac{dp}{p}} = -\frac{\dfrac{dq}{dp}}{\dfrac{q}{p}}$$

いずれの計算方法によっても，需要の価格弾力性は，需要の変化量と価格の変化量との比ではなく，需要の変化率と価格の変化率との比である。変化量のままではなく特定の点の数値で割った変化率（パーセンテージ）としてから比をとることで，比較可能性の高い尺度となっている。

このように価格の変化による売上高の増減は，需要の価格弾力性に依存する。

4. 消費の外部効果・外生的変化

消費者自身の変化の影響

　消費者自身の変化の影響については，たとえば所得効果と呼ばれるものがある。これは消費者の所得が大きいほど消費が多くなるという効果であり，消費者の予算制約をふまえたモデルで説明できる（第3章参照）。

　もう一つは，資産効果（富効果）と呼ばれるものである。これは消費者の保有する資産が多いほど消費が多くなるという効果であり，消費だけでなく貯蓄（消費の先送り）や資産（貯蓄から生じる）も考えることになる。

　そして，慣性効果と呼ばれる効果もある。これは消費者の身につけた習慣が消費に与え，所得が変化しても元の水準の消費を続けるという効果であり，単に効用を最大化するだけではない消費者のモデルを考えることになる。

他者（生産者・消費者）の影響

　一方，消費者が他の生産者や消費者から影響を受けることもある。他の消費者の消費水準や消費様式から影響を受ける効果はデモンストレーション効果と呼ばれ，生産者の宣伝・販売活動に影響を受ける効果は依存効果と呼ばれる。

　あるいは，消費者が大衆に迎合して他の多くの消費者が消費しているものを好むようになるバンドワゴン効果，逆に大衆とは異なることを誇示するために他の多くの消費者とは違うものを消費するスノッブ効果，身分や地位を誇示したり見せびらかしたりするために高価なものを消費するヴェブレン効果（衒示的消費）と呼ばれる効果もある。バンドワゴン効果があれば価格下落時の需要

---

15) デモンストレーション効果を提唱したのはデューゼンベリーである。ジェームズ・S・デューゼンベリー著，大熊一郎訳（1969）『所得・貯蓄・消費者行為の理論（改訳版）』巌松堂出版。

16) 依存効果を提唱したのはガルブレイスである。ジョン・K・ガルブレイス著，鈴木哲太郎訳（2006）『ゆたかな社会（決定版）』岩波書店。

増が促進される（需要の価格弾力性が大きくなる）のに対して，スノッブ効果があれば価格下落時の需要増が抑制される（需要の価格弾力性が小さくなる）。また，ヴェブレン効果があれば，価格上昇により需要量が増加する可能性がある（これは通常の需要曲線とは逆の関係である）。

需要曲線上の動きと需要曲線のシフト

　以上のような外生的な影響は，通常，「他の事情が同じならば」と仮定されており，需要曲線は財・サービスの価格 p と需要量 q の関係だけを表している。たとえば，価格が p_1 のとき需要量は q_1，価格が p_2 のとき需要量は q_2 といった関係である。このように需要量 q が価格 p により決まるという関係は，需要関数 $q = D(p)$ という形で表される。関数の括弧の中にある価格 p は内生変数（モデルの内部），価格以外の要因は外生変数（モデルの外部）であると言われる。

　内生変数である価格が変化したときは，同じ一本の需要曲線上を移動して別の点に移る（図2-10）。他方，外生的な変化（価格以外の要因による変化）を表すときは，需要曲線そのものが左右にシフト（位置移動）する（図2-11）。

　たとえば，財・サービスの流行り廃りや所得の増減があると，需要曲線は図2-12のように変化する。財・サービスが流行したときは，その財・サービスの需要曲線が右にシフトし，どのような価格のもとでも元の需要量に比べて需要量が増加する。逆に流行が終わったときは，需要曲線そのものが左にシフトし，どのような価格のもとでも元の需要量に比べて需要量が減少する。景気拡大によって所得が増えたときは，需要量が増えるはずなので右にシフトし，景気縮小によって所得が減少したときは，需要量が減るはずなので左にシフトする。

17）これらの3つの効果を提唱・整理したのはライベンシュタインである。Leibenstein, H. (1950), "Bandwagon, Snob, and Veblen Effects in the Theory of Consumers' Demand," *The Quarterly Journal of Economics,* vol. 64, no. 2, pp. 183-207. ヴェブレン効果は衒示的消費（見せびらかしの消費）を研究した経済学者の名に因んでいる。ソースティン・ヴェブレン著，高哲男訳 (2015)『有閑階級の理論（増補新訂版）』講談社。

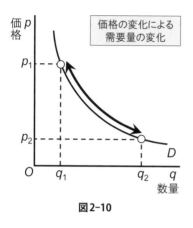

図2-10

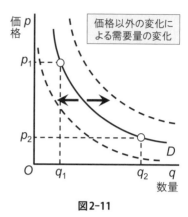

図2-11

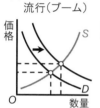

(1)当該財の
　流行（ブーム）

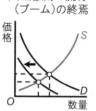

(2)当該財の流行
　（ブーム）の終焉

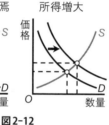

(3)景気拡大による
　所得増大

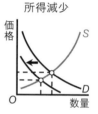

(4)景気縮小による
　所得減少

図2-12

《計算問題》

・ある財について，ある消費者の効用関数が $U = -q^2 + 100q$，市場価格が $p=50$ であるとき，この消費者の (1) 限界効用，(2) 効用が最大となる消費量を求めなさい。（ヒント：注10，注11参照）

（答え：$MU = -2q + 100$，(2) $q = 25$）

・ある財について，ある消費者の効用関数が $U = -q^3 + 350q$，市場価格が $p=50$ であるとき，この消費者の (1) 限界効用，(2) 効用が最大となる消費量を求めなさい。

（答え：$MU = -3q^2 + 350$，(2) $q = 10$）

・ある完全競争市場において，嗜好の同じ消費者が100おり，各消費者の限界効用が $MU = 1000 - 100q$ により表されるとき，この市場の需要曲線を求めなさい。(ヒント：注13参照)

（答え：$D = 1000 - p$）

・ある完全競争市場において，嗜好の同じ消費者が100おり，各消費者の限界効用が $MU = 500 - 50q$ により表されるとき，この市場の需要曲線を求めなさい。

（答え：$D = 1000 - 2p$）

・ある市場の需要曲線が $D = 1000 - p$ であるとき，(1) 価格が400，500，600のときの需要量，(2) 価格が500のときの消費者余剰，(3) 価格が600から400に変化するときの需要の価格弾力性（弧弾力性），(4) 価格が500のときの需要の価格弾力性（点弾力性）をそれぞれ求めなさい。(ヒント：注14参照)

（答え：(1) $p = 400$ のとき $D = 600$，$p = 500$ のとき $D = 500$，$p = 600$ のとき $D = 400$，(2) $CS = 125000$，(3) 中間点を用いた弧弾力性は1，変化前の点を用いた弧弾力性は $\dfrac{3}{2}$，(4) 微分法による点弾力性は1)

・ある市場の需要曲線が $D = 1000 - 2p$ であるとき，(1) 価格が200，300，400のときの需要量，(2) 価格が300のときの消費者余剰，(3) 価格が400から200に変化するときの需要の価格弾力性（弧弾力性），(4) 価格が300のときの需要の価格弾力性（点弾力性）をそれぞれ求めなさい。

（答え：(1) $p = 200$ のとき $D = 600$，$p = 300$ のとき $D = 400$，$p = 400$ のとき $D = 200$，(2) $CS = 40000$，(3) 中間点を用いた弧弾力性は $\dfrac{3}{2}$，変化前の点を用いた弧弾力性は4，(4) 微分法による点弾力性は $\dfrac{3}{2}$)

第3章
需要と消費行動(2)：2財モデル

1. 複数の財の効用

なぜ複数の財を考えるのか

　第2章では消費する財・サービスが1種類の場合を考えていた。グラフの横軸に消費するものの数量，縦軸に効用をとると，効用は消費する数量に伴って増大し，しかし効用の増分（限界効用）は消費する数量に伴って減少するため，上に凸の右上がりのグラフになった（図2-2）。

　本章ではこれを複数の種類の財・サービスへと拡張して考えていく。通常，消費者があるもの（財・サービス）をどのくらい消費するかは，別のもの（財・サービス）をどのくらい消費するかに影響する。それに加えて，消費者は通常限られた予算の中で複数のもの（財・サービス）を選んで支出をしている。そのため，ある財・サービスの需要の増加・減少，価格の上昇・下落があれば，他の財・サービスの需要にも影響が及ぶ。このような点をふまえると，より現実に近い消費者の行動を捉えやすくなるはずである。

効用（2財の場合）

　2財の場合の効用関数は $U = U(q_1, q_2)$ である。消費者の効用 U は2財の消費量 q_1, q_2，つまり，1種類目のものの消費量 q_1 と2種類目のものの消費量 q_2 の両方によって決まる。したがってグラフは q と U の2次元のグラフではなく，q_1，q_2 と U の3次元のグラフになる。2財の消費量 q_1, q_2 が多くなるほど，効用 U の水準が高くなる，山の斜面を登っていくようなグラフである（図3-1）。

　このとき，この山の斜面にさまざまな効用 U の高さで等高線を描いていくと，それぞれの曲線上では効用 U に変化がない。このグラフを角度を変えて真上か

ら眺めると図3-2のようなグラフになる。このように見ると，左下の原点Oに近づくほど山の斜面の低い部分，つまり効用水準が低い消費の仕方，そこから離れて右上に行くほど山の斜面の高い部分，つまり効用水準が高い消費の仕方を表す。そこで，ここから先は効用水準Uの軸を省略して，3次元のグラフを真上から見た様子を2次元のグラフで考えていく。

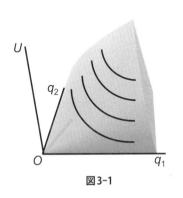

図3-1

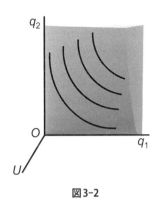

図3-2

2. 無差別曲線と代替・補完

無差別曲線

　先ほど見た等高線を無差別曲線と呼ぶ。無差別曲線は，効用が同じになる2財の消費量の組み合わせ，言い換えれば，効用に関して区別されない（無差別な）2財の消費量の組み合わせを表す線である。

　図3-3のグラフの横軸は財1の消費量，縦軸は財2の消費量である。たとえば，点$A(1, 4)$は財1を1つ，財2を4つ消費する消費の仕方，点$B(4, 1)$は財1を4つ，財2を1つ消費する消費の仕方を表している。今，点Aの消費の仕方で消費しても点Bの消費の仕方で消費してもこの消費者の効用が同じである（無差別である）としたら，点A, Bを通る無差別曲線が引かれる。同一の無差別曲線上にあるときには，どちらの点で消費しても効用は同じである。

　あるいは，点$C(2, 6)$は財1を2つ，財2を6つ消費する消費の仕方，点$D(4, 3)$

は財1を4つ，財2を3つ消費する消費の仕方を示している。今，点Cの消費の仕方で消費しても点Dの消費の仕方で消費してもこの消費者の効用が同じである（無差別である）としたら，点C，Dを通る無差別曲線が引かれる。同一の無差別曲線上にあるときには，どちらの点で消費しても効用が同じである。異なる無差別曲線上で比較すると，たとえば点Cや点Dは点Aや点Bよりも効用が大きくなっているはずである。点Aや点Bに比べて点Cや点Dは2財のうち少なくとも一方をより多く消費する消費の仕方だからである。

　財1，財2の数量次第で消費者の効用はさまざまなので，このような無差別曲線を何本も引くことができる。何本も引かれたときには原点に近いものほど効用が小さく，原点から離れていくほど効用が大きくなる。通常，無差別曲線の形状には4つの特徴がある。(1)図中のどこに点をとってもその点を通る無差別曲線が存在し，(2)右下がりであり，(3)互いに交わらず，(4)原点に対して凸である。まず図中にどこか1点をとれば，その点の消費の仕方から何らかの水準の効用が生じる。さらにこのような特徴を満たすとき，2財の消費量がともに増加すると，必ず効用は増大する。効用が増大すると同一の無差別曲線上に留まることはできないため，右上の別の無差別曲線に移っていく。

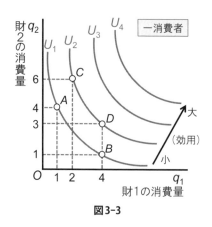

図3-3

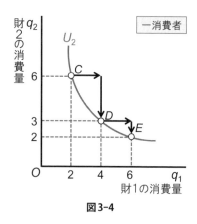

図3-4

限界代替率

　無差別曲線は一般的に先ほど挙げた特徴を持つが，その傾き具合も重要である。無差別曲線の傾きを考えるとき，限界代替率という言葉を使う。限界代替率とは，効用を一定に保つとき，財1の1単位の増加によって代替できる財2の減少量のことを指し，無差別曲線の傾きの反数（符号を逆にした数）である。[18]

$$限界代替率 MRS = -\frac{\Delta q_2}{\Delta q_1}$$

　たとえば，図3-4のように1本の無差別曲線上の点を考える。消費者の消費の仕方が点Cから点Dに移ると，財1の消費量が2から4に増え，財2の消費量は6から3に減る。このとき，限界代替率は，

$$MRS = -\frac{\Delta q_2}{\Delta q_1} = -\frac{3-6}{4-2} = \frac{3}{2}$$

である。さらに，消費者の消費の仕方が点Dから点Eに移ると，財1の消費量は4から6に増え，財2の消費量は3から2に減る。このとき，限界代替率は，

$$MRS = -\frac{\Delta q_2}{\Delta q_1} = -\frac{2-3}{6-4} = \frac{1}{2}$$

である。

　ここで限界代替率が$\frac{3}{2}$から$\frac{1}{2}$に減少しているように，財1の消費量を増やしていくと限界代替率（財2で表した財1の評価）は減少していく。これは財1の消費量を増やしていくと，財2に比べて財1が相対的に重要ではなくなっていくためである。第2章で限界効用逓減の法則に触れたように，同じものを消費し続けるとその限界効用が次第に減少していくことを反映している。逆に，財2の消費量を増やしていっても，その限界代替率（財1で表した財2の評価）は減少していく。これを限界代替率逓減の法則という。

---

18) 変化量Δq_1, Δq_2を微小と考えて微分法を用いると，限界代替率は，次式により計算することができる。（さらにこれは効用関数を各財の消費量で偏微分したものの比に等しい。注20参照。）
　　　$$限界代替率 MRS = -\frac{dq_2}{dq_1}$$

代替財・補完財

　今述べた代替という考え方は，2つの財の関係についての重要な概念である。代替財（競争財）とは，一方を減らし他方を増やしても同じ効用が得られる関係にある2財（厳密には，一方の価格が上昇すると，他方の需要が増加する関係にある2財）のことである。たとえば，コーヒーと紅茶，肉と魚，米とパン，ビールとワイン，バターとマーガリン，自動車と公共交通機関のように代わりの効く関係にあるもの，代用できるものが当てはまる。特に，コーヒーの価格が高くなったとき，消費者が代わりに紅茶を買うようになって紅茶の需要が増えるような場合，それらは厳密な意味において代替財である。

　他方，補完財は両方同時に消費しないと同じ効用が得られない，または効用が低くなってしまう関係にある2財（厳密には，一方の価格が上昇すると，他方の需要も減少する関係にある2財）のことである。たとえば，ガソリンと自動車，パンとバター，コーヒーと砂糖，カメラとフィルム，プリンタとインク，ワイシャツとネクタイのように，同時に使われるもの，併用されるものが当てはまる。特に，ガソリンの価格が高くなったとき，消費者が自動車を買わなくなって自動車の需要が減少するような場合，それらは厳密な意味において補完財である。

　代替財であるか補完財であるかを厳密に判定するには，需要の交差弾力性（交差価格弾力性）を計算する。たとえば，財2の価格変化に関する財1の需要の交差弾力性は，次式により計算される。

$$需要の交差弾力性 \ \varepsilon_{12} = \frac{財1の需要の変化率（\%）}{財2の価格の変化率（\%）}$$

計算した値が正（プラス）のときは2財は代替財，負（マイナス）のときは2財は補完財，0（ゼロ）のときは2財は互いに影響しない独立財である。

　ある財の需要曲線にとって，その代替財や補完財の価格変化は外生的な変化であるため，需要曲線のシフトを引き起こす（図3-5）。たとえば，紅茶にとって代替財であるコーヒーの価格が上昇すると，高くなったコーヒーの代わりに紅茶を消費する人が増えるので，紅茶の需要曲線は右にシフトする。逆に，紅

茶にとって代替財であるコーヒーの価格が下落すると，紅茶の代わりに安くなったコーヒーを消費する人が増えるので，紅茶の需要曲線は左にシフトする。あるいは，自動車にとっての補完財であるガソリンの価格が上昇すると，自動車の購入を辞める人が増えるので，自動車の需要曲線は左にシフトする。逆に，自動車の補完財であるガソリンの価格が下落すると，自動車を購入する人が増えるので，自動車の需要曲線は右にシフトする。

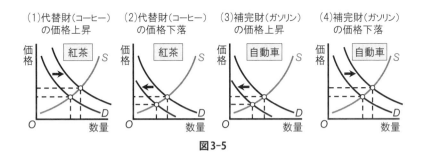

図3-5

無差別曲線の形状

以上の代替財・補完財の定義をふまえたうえで，無差別曲線のさまざまな形状を考えてみよう（図3-6）。通常，2つの財・サービスは，ある程度まで代替的で，ある程度まで補完的であるので，無差別曲線は(1)と(3)の中間の形状，つまり直線でもL字型でもない，(2)のような右下がりの曲線になる。それに対して(1)や(3)～(8)は特殊な形状の無差別曲線となっている。

(1)は500円玉と千円札のように完全な代替財の関係にある場合である。500円玉と千円札を組み合わせて，1万円，2万円，3万円となる枚数の組み合わせを例示している。それぞれの線の縦軸上の端点は千円札のみ，横軸上の端点は500円玉のみ，両端ではなく間の部分は500円玉と千円札を組み合わせて同じ金額になる場合である。500円玉2枚で千円札1枚の代わり（代替）となるので，必要な枚数の比は常に2：1，したがって，このような直線の無差別曲線が並ぶ。

(3)は靴の右足側と左足側のように完全な補完財の関係にある場合である。靴の右足側が1つのとき，靴の左足側のみが1つ，2つ，3つと増えても効用は

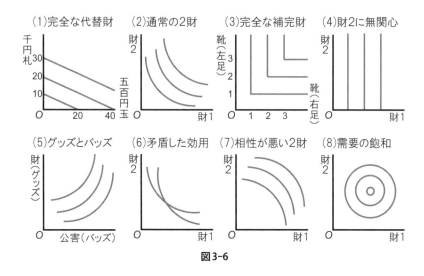

図3-6

変わらない。同様に靴の左足側が1つのとき，靴の右足側のみが1つ，2つ，3つと増えても効用は変わらない。効用が高まるのは靴が左右揃って増えたときなので，そのときにのみ右上の無差別曲線に移っていく。したがって，このようなL字型の無差別曲線が並ぶ。

　(4)は消費者が財2に無関心な場合である。財2に無関心な場合，横軸の財1の数量のみによって効用が決まるので，横軸の財1の数量が決まれば，縦軸の財2の数量が変わっても効用は変わらない。横軸の財1の数量が増えたときにのみ，効用が増大し，右の無差別曲線に移る。したがって，このように垂直な無差別曲線が並ぶ。

　(5)は一方が消費から効用の得られる財（グッズ），他方が公害のように増えていくと不効用が生じてしまう財（バッズ）の場合である。グッズは増えれば増えるほど効用が高まるが，バッズは増えれば増えるほど効用が下がるので，消費者にとって最も効用が高い点は左上，最も効用が低い点は右下である。左下から右上に進むとグッズの増加による効用の上昇とバッズの増加による効用の低下が相殺されて変化がないので，このように右上がりの無差別曲線となる。

　(6)は消費者の選好（好み）が矛盾している場合である。通常，右上にある

無差別曲線の方が効用が高くなるので，2本の無差別曲線を左上の部分で比較すると，左側より右側の無差別曲線の方が効用が高いはずであり，右下の部分で比較すると，下側よりも上側の無差別曲線の方が効用が高いはずである。しかし，図のように無差別曲線が交わっている場合，無差別曲線の上下関係（左右関係）が途中で入れ替わり，効用の高低が矛盾してしまう。

(7)は2財の相性が悪くて同時に消費すると効用が下がってしまう場合である。通常の2財の場合と同様に右下がりであるが，原点に対して凸（両端に向かうほど限界代替率逓減）ではなく凹（両端に向かうほど限界代替率逓増）になっている。無差別曲線の端だけでなく真ん中も原点から遠いということは，2財を一緒に消費しようとするほど効用が上がりにくくなる（右上の無差別曲線へと移行しにくい）ことを示している。

(8)は消費者が2財を一定量消費すると満足し，効用が飽和する場合である。一番小さい円が山の頂上であり（効用が最大），そこからさらに多くを消費しようとして右や上に行くと，山の斜面を下り始めてしまう（効用が下がってしまう）。そのような斜面を上空から見ると，頂上を中心として等高線が何本も引かれることになるので，このように同心円状の無差別曲線になる。

3. 予算制約下の効用最大化

予算制約線

　予算制約線とは，予算（総支出）が同じになる2財の消費量の組み合わせを表す線である。消費者の予算は通常決まって（制約されて）いるので，線は1本のみ引かれる。消費者の予算（所得）を Y，2財の価格 p_1, p_2 とすると，

$$p_1 q_1 + p_2 q_2 = Y$$

という式で表される。

　たとえば，予算が4800円，財1の価格が800円，財2の価格が600円のとき，予算制約線は，

$$800q_1 + 600q_2 = 4800$$

である（図3-7）。予算制約線の左上の端点 F $(0, 8)$ は財2のみ，右下の端点 G $(6, 0)$ は財1のみ，その間にある点 H $(3, 4)$ は2財で予算を使い切る点である。それに対して原点と予算制約線の間，たとえば点 I $(2, 2)$ のようなところでは予算が余ってしまう。余った予算を使ってより多くを消費すれば，さらに効用を高められるはずである。逆に予算制約線より右上の範囲，たとえば J $(6, 8)$ のような所では，予算が足りなくなってしまう。このような消費の仕方は実現することができない。

予算をそれぞれの財の価格で割れば予算制約線の端点の値となることから分かるように，予算制約線の傾きは価格によって決まる。予算制約線の傾きの反数（符号を逆にした数）は，2財の価格比に等しい。

$$予算制約線の傾きの反数 = 価格比 \frac{p_1}{p_2}$$

先ほどからの数値例では，$\dfrac{p_1}{p_2} = \dfrac{800}{600} = \dfrac{4}{3}$ である。

無差別曲線と予算制約線

以上の無差別曲線と予算制約線を組み合わせて，効用最大化を考えていく。

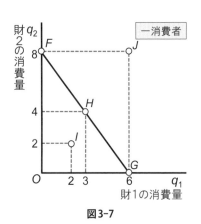

図3-7

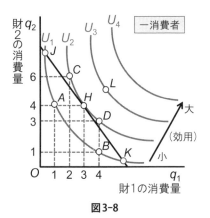

図3-8

無差別曲線は先ほどのように何本も引くことができるが，通常，右上の無差別曲線の方が効用が大きくなる。その際，重要なのは効用の大小の順序であり，それぞれの効用の大きさが実際にどのくらいかということは理論的に必要ではない。このように大きさそのものではなく大小の順序のみが意味を持つ効用の捉え方を，序数的効用と呼ぶ[19]。

　無差別曲線と予算制約線を組み合わせたとき，効用は無差別曲線と予算制約線が接する点で最大となる。図3-8では，点Hが予算制約線を満たし，なおかつ，効用水準が最も高くなる点である。その理由は他の点を考えると分かる。点A，Bは，予算制約線よりも左下にあり，予算が余ってしまうので，支出を増やせばさらに効用を高められる。点C，D，Lは，予算制約線よりも右上にあり，予算が足りないので，支出を減らさない限り実現できない消費の仕方である。点J，Kは，予算制約線上にあるので予算はちょうど足りているが，予算の配分を変えると，同額の支出でもさらに効用を高められる。したがって，点Hが効用が最大となる点である。

　効用最大点では，予算制約線と無差別曲線が接しており，予算制約線と無差別曲線の傾きが等しい。予算制約線の傾きは価格比の反数（符号を逆にした数），無差別曲線の傾きは限界代替率の反数であるので，

$$\text{価格比} \quad \frac{p_1}{p_2} = -\frac{\Delta q_2}{\Delta q_1} \quad \text{限界代替率}$$

価格比は市場における財2と財1の価格の比率，限界代替率はその消費者にとっての財2で表した財1の評価の比率なので，この2つが等しいということは，その点では市場での評価と消費者自身の中での評価が一致していることを意味する。

　なお，消費者が効用が下がらないように財1と財2を交換するとき，消費者が一定量の財1から得る効用と一定量の財2から得る効用は等しいはずである（そうでなければ効用が低い方の財を減らして効用が高い方の財の消費を増やすはずで

---

19) これに対し，以前の効用の捉え方は基数的効用と呼ばれる。第2章注9参照。

ある）ので，次式が成り立つ。

$$|\Delta q_1| \cdot MU_1 = |\Delta q_2| \cdot MU_2$$

ここで，$|\Delta q_1|$ と $|\Delta q_2|$ はそれぞれの財の変化量の絶対値（符号を非負にした値）であり，MU_1 と MU_2 はそれぞれの財の限界効用である。Δq_1 個分の財1の限界効用と Δq_2 個分の財2の限界効用が等しいことを表している。この式を書き直すと，次式のようになり，2財の限界代替率が2財の限界効用の比に等しい。[20]

$$\text{限界代替率} \quad -\frac{\Delta q_2}{\Delta q_1} = \frac{MU_1}{MU_2} \quad \text{限界効用の比}$$

限界効用均等の法則

　以上のように，効用最大化が行われるとき，価格比と限界代替率が等しく，かつ，限界代替率は限界効用の比に等しい。したがって，価格比と限界効用の比が等しいことから，次式が成立する。

$$\frac{MU_1}{p_1} = \frac{MU_2}{p_2}$$

これは限界効用均等の法則と呼ばれ，消費者が複数の財を合理的に消費するとき，追加1単位の限界効用と価格の比が各財について等しくなるように消費が行われることを意味する。言い換えれば，さまざまなものに支出するどの1円からも同じだけの限界効用（追加の満足度）が得られるように消費するということである。

　たとえば，財1の限界効用が960，財1の価格が800円，財2の限界効用が660，財2の価格が600円のとき，

---

20) Δq_1 と Δq_2 のいずれか一方は正（プラス），他方は負（マイナス）なので，$-\frac{\Delta q_2}{\Delta q_1}$ とすれば必ず正となり，絶対値記号を外すことができる。なお，2財に関する効用関数が数式で与えられている場合，それを各財の消費量で偏微分したものが限界効用である。たとえば，財1の消費量がx，財2の消費量がy，効用関数が $U = x^2 y$ であるとき，財1の限界効用 $MU_1 = \frac{\partial U}{\partial x} = 2xy$，財2の限界効用 $MU_2 = \frac{\partial U}{\partial y}$ $= x^2$ となる。この比をとると，$\frac{MU_1}{MU_2} = \frac{2y}{x}$ として限界代替率を求められる。（偏微分の計算方法については，巻末の数学に関する補遺を参照。）

$$\frac{MU_1}{p_1} = \frac{960}{800} = 1.2$$

$$\frac{MU_2}{p_2} = \frac{660}{600} = 1.1$$

1円あたりの限界効用が低い方（財2）ではなく，1円あたりの限界効用が高い方（財1）の消費を増やした方が，同じ1円の支出で総効用をより高めることができる。1円あたりの限界効用が高い方（財1）の消費量が増えれば，その限界効用が低下し（限界効用逓減の法則），もし他方（財2）の限界効用の方が高くなれば，そちらを消費するようになる。このようにして，効用最大化を図ると，消費している各財の限界効用が等しくなるように消費が行われる。

4. 価格・所得の変化と消費

所得の変化による消費の変化

　最後に，価格や所得が変化したときの消費の変化を考える。所得が増えたときは予算制約線が右上にシフトし，それに接する無差別曲線が変わるため，効用最大点（2財の消費の仕方）も変化する。元の効用最大点ではもはや効用が最大とならないため，新たな予算制約線に接する無差別曲線を見つけ，その接点が新たな効用最大点となる（図3-9）。

　(1)～(3)はいずれも効用最大点が点Aから点Bへと移動している。(1)は効用最大点が右上に移動していることから，財1・財2の両方の消費が増えることが分かる。(2)は効用最大点が左上に移動していることから，横軸の財1の消費が減って，縦軸の財2の消費が増えていることが分かる。(3)は効用最大点が右下に移動していることから，横軸の財1の消費が増えて，縦軸の財2の消費が減っていることが分かる。

　消費者の所得が増えたときに消費量（需要量）が増大する財を上級財（正常財），消費者の所得が増えたときに消費量（需要量）が減少する財を下級財（劣等財）と呼ぶ。(1)は財1，財2ともに上級財である。(2)は財1が下級財，財2

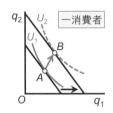
(1)両方の消費が増える

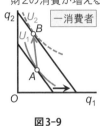
(2)財1の消費が減り，
財2の消費が増える

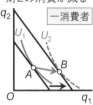
(3)財1の消費が増え，
財2の消費が減る

図3-9

が上級財である。(3)は財1が上級財，財2が下級財である。

　通常，あらゆる財は上級財であり，所得の増加により需要量が増大する。そのとき，図3-10のように所得の増加に対して需要量が弾みをつけたように大きく伸びる場合，需要の所得弾力性が大きいと言う。このように需要が所得に対して弾力的となるのは，奢侈品など，消費者の所得が増えたときに特に支出が増える財・サービスの場合である。他方，図3-11のように所得が増加したときに需要量があまり弾みをつけて伸びない場合，需要の所得弾力性が小さいと言う。このように需要が所得に対して非弾力的となるのは，必需品など，消費者の所得が増えてもさほど支出が増えるわけではない財・サービスの場合である。

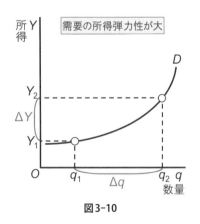
図3-10

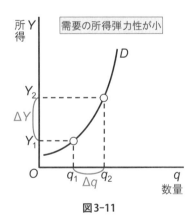
図3-11

これらに対して，下級財，つまり所得の増加により需要が減少する例は少ない。たとえば，バターの代わりにマーガリンを買う，エアコンの代わりに扇風機を買う，ソーセージの代わりに魚肉ソーセージを買う，ドリップコーヒーの代わりにインスタントコーヒーを買う，ビールの代わりに発泡酒を買う，CDやDVDの通常版の代わりに廉価版を買う，といった場合のように，もし価格が安いという理由で選ばれる代替品であるとしたら，消費者の所得が増大したときには消費量が減少する可能性がある。ただし，消費者の好みでこれらを選択している場合も考えられるため，上で挙げたものが一概に下級財であるとは言えない。

　上級財，下級財を厳密に判定するには，需要の所得弾力性を計算する。需要の所得弾力性とは，需要が所得の変化によってどの程度変化するかを示す係数である。需要の所得弾力性は次式により計算される。[21]

$$
\text{需要の所得弾力性 } \eta = \frac{\text{需要の変化率}（\%）}{\text{所得の変化率}（\%）}
$$

$$
= \frac{\dfrac{\text{需要の変化量}（\Delta q）}{\text{中間点の需要量}（q_m）}}{\dfrac{\text{所得の変化量}（\Delta Y）}{\text{中間点の所得}（Y_m）}} = \frac{\dfrac{q_2 - q_1}{\dfrac{q_1 + q_2}{2}}}{\dfrac{Y_2 - Y_1}{\dfrac{Y_1 + Y_2}{2}}}
$$

計算した値が正（プラス）のときは上級財，負（マイナス）のときは下級財であ

21）需要の価格弾力性の場合と同様に，ここでは2点に関する弾力性（弧弾力性）を中間点を用いて計算する方法（中点法）を示しているが，中間点を使わずに変化前の需要量と変化前の所得を用いて計算する方法もある。

$$
\text{需要の所得弾力性 } \eta = \frac{\text{需要の変化率}（\%）}{\text{所得の変化率}（\%）} = \frac{\dfrac{\text{需要の変化量}（\Delta q）}{\text{変化前の需要量}（q_1）}}{\dfrac{\text{所得の変化量}（\Delta Y）}{\text{変化前の所得}（Y_1）}} = \frac{\dfrac{q_2 - q_1}{Y_2 - Y_1}}{\dfrac{q_1}{Y_1}}
$$

また，変化量Δq, ΔYを微小と考えて微分法を用いると，1点に関する弾力性（点弾力性）を次式により計算することができる。

$$
\text{需要の所得弾力性 } \eta = \frac{\text{需要の変化率}}{\text{所得の変化率}} = \frac{\dfrac{dq}{q}}{\dfrac{dY}{Y}} = \frac{\dfrac{dq}{dY}}{\dfrac{q}{Y}}
$$

ることを意味する。特に，計算した値が1より大きければ，所得が増えたとき
にそれ以上に需要が伸びやすいので奢侈品，1より小さければ，所得が増えた
ときに需要が所得の伸びほどには増えないので必需品である。

価格の変化による消費の変化

　価格が下落したときは予算制約線の傾きが変化し，それに接する無差別曲線
が変わるため，効用最大点（2財の消費の仕方）も変化する（図3-12）。

　(1)のように2財のうち両方の価格が同様に下落した場合は，両方の財を購
入できる数量が増えるので，予算制約線が外側に広がる。これは所得が増えた
場合と同様の予算制約線の右上へのシフトである。元の効用最大点ではもはや
効用が最大とならないため，新たな予算制約線に接する無差別曲線を見つけ，
その接点が新たな効用最大点となる。効用最大点が右上に移動していることか
ら，財1・財2の両方の消費が増えることが分かる。

　(2)のように2財のうち財1の価格のみが下落した場合は，財1の側だけ広が
るように予算制約線が回転する。新たな予算制約線と無差別曲線が接する効用
最大点が右下に移動していることから，財1の消費が増え，財2の消費が減る
ことが分かる。

　(3)のように2財のうち財2の価格のみが下落した場合は，財2の側だけ広が
るように予算制約線が回転する。新たな予算制約線と無差別曲線が接する効用
最大点が左上に移動していることから，財1の消費が減り，財2の消費が増え

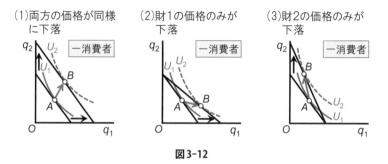

図3-12

ることが分かる。

　以上のうち (2) と (3) の変化については，スルツキー分解という作業を行うことによって，2つの効果に分けて解釈することができる。(2) の場合を例にとり，財1の価格が下落したときの変化を分解するには，変化後の予算制約線と平行で，変化前の無差別曲線に接する予算制約線を引く (図3-13)。その接点を点Bとして経由点を作ると，$A \rightarrow C$ という効用最大点の変化は，$A \rightarrow B$ という変化と $B \rightarrow C$ という変化に分けて考えることができる。$A \rightarrow B$ の変化は代替効果と呼ばれる。相対的に価格が高くなった財2から相対的に価格が安くなった財1へと切り替える効果である。$A \rightarrow B$ は右下に動いていることから，確かに財2を減らして財1を増やしていることが分かる。他方，$B \rightarrow C$ の変化は所得効果と呼ばれる。平行な2本の予算制約線に注目すると，これは先ほどの所得が増えた場合と同じ動きであることが分かる。財1の価格下落によって実質的に増大した所得，浮いたお金によっていずれかの財の消費量を増やす効果である。$B \rightarrow C$ の変化は右上に動いていることから，財1または財2を増やしていることが分かる。

　このように，通常，財の価格が変化したときには，代替効果と所得効果の両方が生じている。

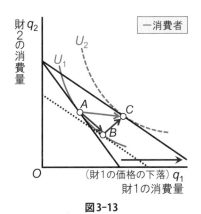

図3-13

- ある消費者の財1の消費量がx，財2の消費量がy，効用関数が$U = x^2 y$である。所得が30，財1の価格が1，財2の価格が2のとき，この消費者の (1) 予算制約式，(2) 2財の価格比，(3) 限界代替率，(4) 効用最大点における2財の消費量を求めなさい。（ヒント：注20参照）

$$（答え：(1) x + 2y = 30，(2) \frac{p_1}{p_2} = \frac{1}{2}，(3) MRS = \frac{2y}{x}，(4) x = 20，y = 5）$$

- ある消費者の財1の消費量がx，財2の消費量がy，効用関数が$U = xy^3$である。所得が100，財1の価格が1，財2の価格が3のとき，この消費者の (1) 予算制約式，(2) 2財の価格比，(3) 限界代替率，(4) 効用最大点における2財の消費量を求めなさい。

$$（答え：(1) x + 3y = 100，(2) \frac{p_1}{p_2} = \frac{1}{3}，(3) MRS = \frac{y}{3x}，(4) x = y = 25）$$

- ある消費者の予算が1000円，2財の価格と限界効用が下表の通りであるとき，効用が最大となる2財の消費量とそのときの総効用を求めなさい。

財1の消費量	1	2	3	4	5	6	7	8	9	10
財1の価格	100	100	100	100	100	100	100	100	100	100
財1の限界効用	180	160	140	120	100	80	60	40	20	0
財2の消費量	1	2	3	4	5	6	7	8	9	10
財2の価格	200	200	200	200	200	200	200	200	200	200
財2の限界効用	280	260	240	220	200	180	160	140	120	100

（答え：財1の消費量4，財2の消費量3のとき，総効用1,380）

- ある財について，ある消費者の需要量が100であったが，その消費者の所得が倍になったら需要量が300となった。このとき，需要の所得弾力性を求めなさい。

$$（答え：中間点を用いた弧弾力性は \frac{3}{2}，変化前の点を用いた弧弾力性は2）$$

- コーヒーの価格が100のとき紅茶の需要量は500であったが，コーヒーの価格が倍になると紅茶の需要量は700になった。このとき，需要の交差弾力性を求めなさい。

$$（答え：中間点を用いた弧弾力性は \frac{1}{2}，変化前の点を用いた弧弾力性は \frac{2}{5}）$$

第4章

供給と企業行動(1)：1財モデル

1. 企業と費用

企業の生産を左右する要因

　企業の生産を左右する財・サービスの属性には，価格・数量，費用・コスト，需要・売れ行き，品質・性能などが考えられる。このうち，経済学の主な分析対象としてモデルに登場するのは，価格・数量と費用・コストである。需要・売れ行きについては，完全競争市場では別途考える必要がない。価格によって需要と供給が調整されるからである。品質や性能などの言わば質的な側面は，経済学の主な分析対象ではなく，既に与えられているもの，所与として扱われる。質的な側面に変化が生じた場合や企業自身の技術に変化があった場合，あるいは他の企業の影響を受けた場合には，モデルの外生的な変化，「外部効果」として扱われる。

　第2章でも確認したように，財・サービスの質的な側面をどのように捉えるかという問題は，第1章で述べた市場の分類と密接な関係にある。通常，市場は財の種類ごとに別個の市場とみなされる。特に完全競争市場では，多数の生産者（企業）がまったく同質の財を供給して競争していると考える。不完全競争市場の独占市場については，供給者が一社しかいないため，同質であることが前提である。供給者が数社の寡占市場や供給者が多数の独占的競争市場では，同質な財・サービスを供給して競争している場合もあれば，それぞれが異なる財・サービスを供給して競争している場合もある。以下では，ひとまず基本となる完全競争市場のモデルを考えていくので，財の同質性を前提としている。

生産関数としての企業

　企業は経済学では生産関数として捉えられる（図4-1）。第2章でも見たように，関数（函数）とは，何かを入れたとき何かが出てくる箱のようなものである。この箱に何か生産に投入する生産要素（生産に必要な原材料や労働や資本）の数量が与えられると，産出（生産）が生じる。投入する生産要素の数量をq，産出量（生産量）をYを使って表すと，生産関数は$Y = Y(q_1, q_2, ...)$のように表される。これは投入する生産要素の数量$q_1, q_2, ...$によって産出量Yが決まるということを意味する。

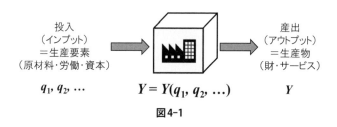

図4-1

　では，投入する生産要素からどのようにして産出（生産）が生じるのか。この箱の中の仕組みについて伝統的な経済学はあまり分析してこなかった。たとえば企業がどのようにして生産を行うのか，あるいは企業の技術がどのようにして形成されるのか，といった問題までは考えない。そうしたことは複雑すぎるので，伝統的なミクロ経済学では既に与えられているもの，「所与」として扱われてきた。伝統的なミクロ経済学では，投入と産出の関係の結果として生じる産出量（生産量）の水準だけを問題とする。

　本章では，以上の生産要素（原材料，労働，資本）に注目して費用を考えていく。たとえば，パンを作る場合，原材料として小麦などが必要である。労働（人手）が必要である。そして資本（生産設備）が必要である。さて，生産量が変わったとき，必要な原材料や労働（人手）は生産量に応じて増減するはずである。他方，資本（生産設備）は長期で考えるときには生産量に応じて増減することもあるが，少なくとも短期では生産量によらず一定と考える。そこで，生産にかかる費用のうち，生産量に応じて増減する部分を可変費用（変動費用），

生産設備にかかる短期では一定の部分を固定費用と呼ぶ。可変費用と固定費用を合計すると，生産にかかるすべての費用，総費用になる。

2. 限界費用と利潤最大化

総費用

　一般に生産する物の数量を横軸，企業の総費用を縦軸にとると，図4-2のような下に凸の右上がりのグラフになるとされている。右上がりであるということは，ある財・サービスの生産に生産者が費やす総費用は，生産する数量に伴って増大していくことを示している。それに加えてグラフが下に凸であるということは，その総費用の増分（図4-2の灰色部分）が生産する数量に伴って次第に増大していくことを意味する。総費用が増加するということと，その増加の仕方が急になるということは，まったく同義ではない。

　たとえば図4-2のように，企業Aの総費用が1つ生産したときは150，2つ生産したときは250，3つ生産したときは400，4つ生産したときは650，5つ生産したときは1,000，6つ生産したときは1,550であったとする。このとき，固定費用が100であるとし，費用の全体ではなく費用の増分，増えた部分に注目していくと，1つ目を生産するときは50，2つ目を生産するときは100，3つ目を生産するときは150，4つ目を生産するときは250，5つ目を生産するときは350，6つ目を生産するときは550であることが分かる。この図4-2で灰色の部分を「限界費用」と呼ぶ。このグラフが示しているように，通常，限界費用が生産量の増加に伴って次第に増大していくことを限界費用逓増の法則と呼ぶ。

　なぜ限界費用は逓増するのか。それは同じ生産要素を投入し続けると生産力が飽和していくためである。これを限界生産力逓減の法則という。たとえば，農業で限られた土地に肥料を使い続けると，次第に効果が薄れていく。製造業で限られた生産設備のもとで人手を増やし続けると，次第に効果が薄れていく。また，同じ生産要素がさまざまな用途に生産力が高い順に使われていくためである。農業で土地を使うとき，生産者は最初は農業に最も適した土地から使お

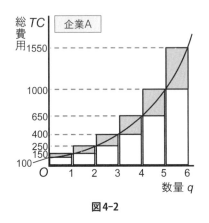

図4-2

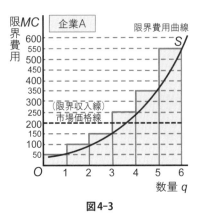

図4-3

うとするが，次第により適さない土地も使わざるを得なくなっていく。製造業において，生産者は最初は製造に最も適した労働（人手）から使おうとするが，次第により適さない労働（人手）も使わざるを得なくなっていく。そして，同じ生産要素を多数保有すると費用が生じるためである。どのような生産要素でも生産に使用しきれない数量を保有すれば，品質の劣化や保管費用が生じる。

　以上のことから，一定期間の生産を考える限り，限界費用は逓増し，徐々に大きくなっていくと経済学では考えられている。現実には限界費用がほぼゼロ，または逓減していく場合もあり得るが，それについては第5章で触れることにしよう。

限界費用と限界収入

　先ほどの限界費用の部分だけを取り出して別のグラフに書き直すと，図4-3のようになる。[22] 横軸は生産するものの数量，縦軸は限界費用である。限界費用は，追加1単位にかかる費用，言い換えれば，企業が追加1単位から受け取りたいと思う最低限の価格を表している。他方，限界収入を考える。限界収入は，

22）総費用関数が数式で与えられている場合，それを微分したものが限界費用である。たとえば，総費用関数が $TC = q^2$ であるとき，限界費用（MC）は，$MC = \dfrac{dTC}{dq} = 2q$ となる。（微分の計算方法については，巻末の数学に関する補遺を参照。）

追加1単位から得る企業の収入，企業が追加1単位から実際に受け取る市場価格である。

　今，市場価格が200円だとすると，200円のところに市場価格線（限界収入線）が引かれる（図4-3）。すると企業は，限界費用と市場価格（限界収入）を比較して，追加1単位を生産するか否かを決定していく。たとえば，1つ目は限界費用が50で市場価格が200なので，限界費用が市場価格を下回っている（限界費用≦市場価格）。この場合，企業は生産・販売するはずである。2つ目，3つ目も同様である。他方，4つ目は限界費用が250に対して市場価格は200なので，限界費用の方が市場価格を上回っている（限界費用＞市場価格）。この場合，企業は生産・販売しない。5つ目，6つ目も同様である。

　結局のところ，企業は限界費用曲線（階段状の線）と市場価格線（限界収入線）の交点で販売量（3つ）を決定していることが分かる。限界費用曲線がこのような棒グラフではなく滑らかな曲線で表されている場合も，同じように限界費用曲線と市場価格線の交点で販売量（もし中途半端な売り方が可能ならば約3.5個）が決まる。

　以上のように企業は市場で価格が決まっていたらその価格を受け入れ，自らがいくつ生産・販売するかを決定する。これをプライス・テーカーの仮定と呼ぶ。個々の企業が価格決定力を持たないプライス・テーカー（価格受容者）であると仮定されるのは，完全競争市場を考えているからである。完全競争市場には多数の企業がいるため，一企業が市場に影響を与えることはできない。もし一企業が交渉によって価格を引き上げようとしても，消費者は他の大勢いる企業から元の価格で買うことができてしまうからである。もちろん，企業（生産者）が1社しかいない場合（供給独占市場）や多数の企業が結託した場合には，企業はプライス・テーカーではなくなるが，完全競争市場では常に企業はプライス・テーカーであると仮定される。

利潤最大化と生産者余剰
　企業は市場価格を受け入れるしかないが，その下で財・サービスの生産から

得られる利潤が最大になるように行動する。これは利潤最大化原理と呼ばれ，経済学における企業の行動原理である。その際，生産者余剰（粗利潤）という重要な概念がある。

　　生産者余剰（粗利潤）＝総収入 − 可変費用

　たとえば，先ほどの例のように市場価格が200円のとき，総収入は，200 × 3 ＝ 600円，可変費用は限界費用を足し合わせていけば良いので50 + 100 + 150 = 300円である。このとき，生産者余剰は，総収入から可変費用を引いて，600 − 300 = 300円となり，図4-4の斜線部分である。

　この生産者余剰の部分は，企業が実際に支払われている金額（総収入）未満の儲けしか得ていないことを意味する。つまり，当然のことながら，企業にとっての儲けとは企業に支払われる価格ではないということである。ただし，この生産者余剰では，総費用のうち可変費用は考えられているが，固定費用はまだ考えられていない。

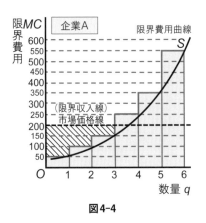

図4-4

　固定費用も含めて考えると，利潤となる。利潤は総収入から総費用を引いて計算するか，あるいは，先ほどの生産者余剰からさらに固定費用を引いて計算する。したがって，生産者余剰（粗利潤）が正（プラス）であっても利潤が負（マイナス）になることもあり得る。

利潤＝総収入 − 総費用＝生産者余剰 − 固定費用

たとえば，先ほどの例のように固定費用が100円，市場価格が200円のとき，総収入は，200 × 3 ＝ 600円，総費用は先ほどの可変費用に固定費用100を足して，300 ＋ 100 ＝ 400円である。このとき利潤は，総収入から総費用を引いて，600 − 400 ＝ 200円となる。あるいは，先ほど計算した生産者余剰から固定費用を引いても，300 − 100 ＝ 200円となる。

個別供給曲線

　以上をふまえると，市場価格が変われば生産者の利潤が最大となる供給量も変わることになる。この企業の生産量は，価格が600のとき6つ，価格が500のとき5つ，価格が400のとき5つ，価格が300のとき4つ，価格が200のとき3つ，価格が100のとき2つである。

　このように限界費用曲線と市場価格が与えられれば，限界費用＝市場価格となる数量で，その財・サービスに対する一企業の供給量が決定される[23]。したがって，限界費用曲線のことを個別供給曲線と呼ぶことができる。限界費用曲線は，ある財・サービスの市場価格と，その財・サービスに対する一企業の供給量との関係を表す，個別供給曲線である[24]。

3. 市場供給曲線と価格弾力性

複数の企業の個別供給曲線

　先ほどの企業Aに加えて，企業B，企業Cの限界費用曲線（個別供給曲線）が

23）前注のように総費用関数，限界費用が数式で与えられている場合，これは容易に計算することができる。たとえば，限界費用が$MC = 2q$，市場価格が$p = 50$であるとき，利潤が最大となる生産量は$2q = 50$より，$q = 25$である。

24）ただし，実際の供給曲線の範囲（特定の価格の下で実際に生産を行うか否か）は利潤や粗利潤の大きさに左右されるため，厳密には，限界費用曲線の一部が個別供給曲線となる。第6章注35参照。

図4-5のようになっていたとする。企業Aは先ほど見たように生産量は3つ，生産者余剰は300円であった。同じように考えると，企業Bは生産量2つ，生産者余剰150円，企業Cは生産量1つ，生産者余剰100円である[25]。

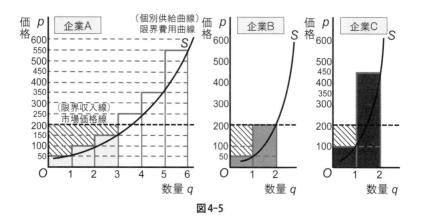

図4-5

市場供給曲線

　今仮に市場全体に企業がA，B，Cの3社しかいなかったとすると，先ほどの3社の棒グラフをバラバラにして長さの短い順に並べ直すと，市場全体の供給曲線ができる（図4-6）。このように並べ直した後，棒グラフの右上の角を結ぶと滑らかな曲線の市場供給曲線が現れる[26]。

　市場供給曲線は，ある財・サービスの市場価格とその財・サービスに関する市場全体の供給量との関係を表す曲線である。

　先ほどまでと同様に市場価格が200円であるとしたら，200円のところに市場価格線が引かれる。このとき，市場全体（ここでは企業3社分）の生産量と生

---

25) このように各企業が同じ市場価格の下で利潤を最大化するとき，すべての企業の限界費用が等しくなる。

26) 仮にすべての企業の技術が同じで，限界費用が数式で与えられている場合，この集計作業は計算により行うことができる。たとえば，限界費用が$MC = 100q$の企業が100社いるとき，$p = MC$より1企業の供給量は$q = \dfrac{p}{100}$であるので，市場全体の供給量は$S = 100 \times \dfrac{p}{100} = p$である。

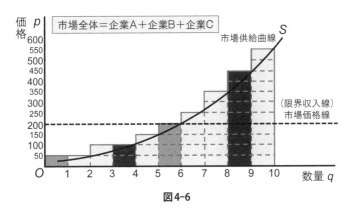

図4-6

産者余剰はいくらか。市場供給曲線と市場価格線が数量6のところで交わっているので，市場全体の生産量は6である。市場全体の生産者余剰は，先ほどの各企業の生産者余剰300円，150円，100円を合計すると，300＋150＋100＝550円となる。あるいは，市場全体の生産者余剰は図4-7の斜線部分であるので，個別供給曲線のときと同じように計算して面積を求めてもよい。市場全体で6つ生産するときの総収入は，200×6＝1,200円であり，そこから可変費用（限界費用の合計）である50＋50＋100＋100＋150＋200＝650円を引くと，1,200－650＝550円となる。

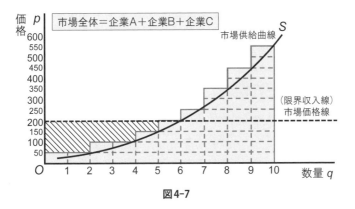

図4-7

供給の価格弾力性

　供給曲線についてもう一つ大事なのはその傾き具合である。図4-8と図4-9には傾き具合の違う供給曲線が2つ描かれている。どちらの供給曲線においてもp_1からp_2に価格が上昇すると，q_1からq_2へと供給量が増える様子が示されている。

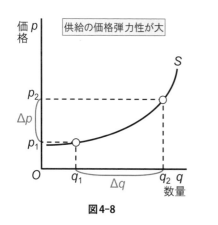

図4-8

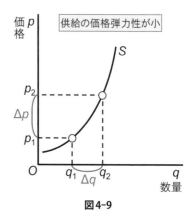

図4-9

　このとき，図4-8のように価格の上昇に対して供給量が弾みをつけたように大きく伸びる場合，供給の価格弾力性が大きいと言う。このように供給が価格に対して弾力的となるのは，生産者が価格の変化に敏感であるというよりも，主に生産量を調整しやすい財・サービスの場合である。たとえば，生産期間や在庫のしやすさにもよるが，工業製品は一般的に生産量を調整しやすい。他方，図4-9のように価格が上昇したときに供給量があまり弾みをつけて伸びない場合，供給の価格弾力性が小さいと言う。このように供給が価格に対して非弾力的となるのは，生産者が価格の変化に鈍感であるというよりも，主に生産量を調整しにくい財・サービスの場合である。たとえば，農産物や海産物は生産に時間がかかり，天候にも左右されるため，一般的に生産量を調整しにくい。

　以上のように供給の価格弾力性とは，供給が価格の変化によってどの程度変化するかを示す係数である。供給曲線上の2点が判明しているとき，供給の価格弾力性は次式により計算される。[27]

$$供給の価格弾力性\ \varepsilon = \frac{供給の変化率（\%）}{価格の変化率（\%）} = \frac{\dfrac{供給の変化量（\Delta q）}{中間点の供給量（q_m）}}{\dfrac{価格の変化量（\Delta p）}{中間点の価格（p_m）}} = \frac{\dfrac{q_2 - q_1}{\dfrac{q_1 + q_2}{2}}}{\dfrac{p_2 - p_1}{\dfrac{p_1 + p_2}{2}}}$$

図4-8や図4-9の供給曲線上の2点が具体的に分かっているときは，上記の式に当てはめて供給の価格弾力性を計算することができる。たとえば，価格が400のときの供給量が400，価格が600のときの供給量が600であるとしたら，供給の価格弾力性は，

$$\varepsilon = \frac{\dfrac{600 - 400}{500}}{\dfrac{600 - 400}{500}} = \frac{\dfrac{2}{5}}{\dfrac{2}{5}} = 1$$

である。

　供給の価格弾力性が重要であるのは，その大小によって価格が変化したときに供給量に与える影響が異なるためである。

　供給の価格弾力性 $\varepsilon = \dfrac{供給の変化率（\%）}{価格の変化率（\%）} = 1$ のとき，価格の変化率と供給の変化率が等しくなる。価格が10％上昇すると供給量は10％増加し，価格が10％下落すると供給量は10％減少する。

27）需要の価格弾力性のときと同様に，ここに示しているのは，供給曲線上の2点に関する弾力性（弧弾力性）を中間点を用いて計算する方法（中点法）であるが，中間点を使わずに変化前の供給量と変化前の価格を用いて計算する方法もある。

$$供給の価格弾力性\ \varepsilon = \frac{供給の変化率（\%）}{価格の変化率（\%）} = \frac{\dfrac{供給の変化量（\Delta q）}{変化前の供給量（q_1）}}{\dfrac{価格の変化量（\Delta p）}{変化前の価格（p_1）}} = \frac{\dfrac{q_2 - q_1}{q_1}}{\dfrac{p_2 - p_1}{p_1}}$$

また，変化量 Δq, Δp を微小と考えて微分法を用いると，供給曲線上の1点に関する弾力性（点弾力性）を次式により計算することができる。

$$供給の価格弾力性\ \varepsilon = \frac{供給の変化率}{価格の変化率} = \frac{\dfrac{dq}{q}}{\dfrac{dp}{p}} = \frac{\dfrac{dq}{dp}}{\dfrac{q}{p}}$$

供給の価格弾力性 $\varepsilon = \dfrac{\text{供給の変化率}(\%)}{\text{価格の変化率}(\%)} = 2 \, (>1)$ のとき，価格の変化率の2倍供給が変化する。価格が10％上昇すると供給量は20％増加し，価格が10％下落すると供給量は20％減少する。

供給の価格弾力性 $\varepsilon = \dfrac{\text{供給の変化率}(\%)}{\text{価格の変化率}(\%)} = 0.5 \, (<1)$ のとき，価格の変化率の半分だけ供給が変化する。価格が10％上昇すると供給量は5％増加し，価格が10％下落すると供給量は5％減少する。

このように価格の変化による供給量の増減は，供給の価格弾力性に依存する。

4. 供給の外部効果・外生的変化

企業自身の変化の影響

企業自身の変化の影響については，たとえばマーシャルが考えた内部経済という概念がある。これは企業の規模が拡大することによってその企業の生産効率が上がっていくこと，個別企業レベルの規模の経済を指す。たとえば，習熟効果（経験効果，学習効果）として知られるように，一般に，生産の経験を積む（累積的生産量が増える）ほど生産効率は高まっていく（生産の限界費用が下がっていく）。逆に内部不経済は，企業の規模が拡大することによってその企業の生産効率が下がっていくこと，個別企業レベルの規模の不経済を指す。たとえば，一般に，企業の組織が大きくなっていくと管理・運営のための費用（組織化費用）が増大していくものである。

以上は企業の規模の拡大に伴う変化であるが，他方で範囲の経済と呼ばれる概念がある。これは企業が複数の財・サービスを生産することによってその企業の生産効率が上がっていくことを指す。共通の生産要素や技術を他の財・サービスに転用することによって生じるものである。

他者（生産者・消費者）の影響

一方，企業が他の生産者や消費者から影響を受けることもある。先ほどの外部経済が産業レベルで生じる場合，産業の規模が拡大することによって，その

産業内の企業の生産効率が上がっていく（産業レベルの規模の経済）。たとえば，他企業のオープンな技術を利用したり，取引企業の生産性が向上したりすることが考えられる。逆に外部不経済が産業レベルで生じると，産業の規模が拡大することによって，その産業内の企業の生産効率が下がっていく（産業レベルの規模の不経済）。たとえば，先進国では稀かもしれないが，産業全体として農地が不足する，工業用水や電力が不足するといったことが考えられる。

あるいは，消費者から影響を受けることもある。消費者主権は，市場経済において，どの財・サービスがどれだけ生産されるかを究極的に決めるのは生産者ではなく消費者であるという考えである。消費者主権の考えが強い市場においては，生産者は消費者から大きな影響を受けることになる。

供給曲線上の動きと供給曲線のシフト

以上のような外生的な影響は，通常，「他の事情が同じならば」と仮定されており，供給曲線は財・サービスの価格pと供給量qの関係だけを表している。たとえば，価格がp_1のとき供給量はq_1，価格がp_2のとき供給量はq_2といった関係である。このように供給量qが価格pにより決まるという関係は，供給関数$q = S(p)$という形で表される。関数の括弧の中の価格pは内生変数（モデルの内部），価格以外の要因は外生変数（モデルの外部）であると言われる。

内生変数である価格が変化したときは，同じ一本の供給曲線上を移動して別の点に移る（図4-10）。他方，外生的な変化（価格以外の要因による変化）を表すときは，供給曲線そのものが左右にシフト（位置移動）する（図4-11）。

たとえば，原材料価格や賃金の上昇・下落，生産技術の進歩・喪失，企業の参入・退出があると，供給曲線は図4-12のように変化する。原材料価格や賃金が上昇したときは，同じ価格で供給できる数量が減る，あるいは，ある数量を供給するときの価格が高くなるので，供給曲線が左にシフトする。逆に原材料価格や賃金が下落すると，同じ価格で供給できる数量が増える，あるいは，ある数量を供給するときの価格が下がるので，供給曲線が右にシフトする。

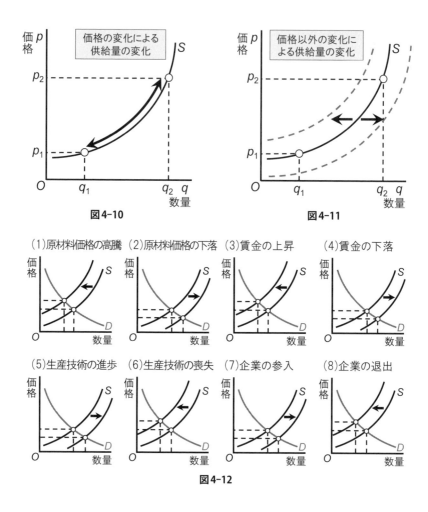

図4-10

図4-11

(1)原材料価格の高騰　(2)原材料価格の下落　(3)賃金の上昇　(4)賃金の下落

(5)生産技術の進歩　(6)生産技術の喪失　(7)企業の参入　(8)企業の退出

図4-12

　生産技術が進歩すると，同じ価格で供給できる数量が増える，あるいは，ある数量を供給するときの価格が下がるので，供給曲線が右にシフトする。逆に生産技術が失われると，同じ価格で供給できる数量が減る，あるいは，ある数量を供給するときの価格が上がるので，供給曲線が左にシフトする。

　新たな企業が市場に参入したときは，市場の全体で供給量が増えるので，供給曲線は右にシフトする。逆に既存の企業が市場から退出したときは，市場の全体で供給量が減るので，供給曲線は左にシフトする。

《計算問題》

・ある財について，ある企業の総費用関数が $TC = q^2$，市場価格が $p = 50$ であるとき，この企業の (1) 限界費用，(2) 利潤が最大となる生産量を求めなさい。(ヒント：注22参照)

（答え：(1) $MC = 2q$，(2) $q = 25$）

・ある財について，ある企業の総費用関数が $TC = \dfrac{q^3}{6} + 250$，市場価格が $p = 50$ であるとき，この企業の (1) 限界費用，(2) 利潤が最大となる生産量を求めなさい。 （答え：(1) $MC = \dfrac{q^2}{2}$，(2) $q = 10$）

・ある完全競争市場において，生産要素や技術の同じ企業が100おり，各企業の限界費用が $MC = 100q$ により表されるとき，この市場の供給曲線を求めなさい。(ヒント：注26参照)

（答え：$S = p$）

・ある完全競争市場において，生産要素や技術の同じ企業が100おり，各企業の限界費用が $MC = \dfrac{100}{3}q$ により表されるとき，この市場の供給曲線を求めなさい。 （答え：$S = 3p$）

・ある市場の供給曲線が $S = p$ であるとき，(1) 価格が400，500，600のときの供給量，(2) 価格が500のときの生産者余剰，(3) 価格が400から600に変化するときの供給の価格弾力性，(4) 価格が500のときの供給の価格弾力性をそれぞれ求めなさい。(ヒント：注27参照)

（答え：(1) p=400のとき S=400，p=500のとき S=500，p=600のとき S= 600，(2) PS=125000，(3) 中間点を用いた弧弾力性は1，変化前の点を用いた弧弾力性は1，(4) 微分法による点弾力性は1）

・ある市場の供給曲線が $S = 3p$ であるとき，(1) 価格が200，300，400のときの供給量，(2) 価格が300のときの生産者余剰，(3) 価格が200から400に変化するときの供給の価格弾力性，(4) 価格が300のときの供給の価格弾力性をそれぞれ求めなさい。

（答え：(1) p=200のとき S=600，p=300のとき S=900，p=400のとき S= 1200，(2) PS=135000，(3) 中間点を用いた弧弾力性は1，変化前の点を用いた弧弾力性は1，(4) 微分法による点弾力性は1）

第5章

供給と企業行動(2)：1財2要素モデル

1. 複数の生産要素による生産

なぜ生産要素を考えるのか

　第4章では生産する財・サービスが1種類の場合を費用に基づいて考えていた。グラフの横軸に生産するものの数量，縦軸に総費用をとると，総費用は生産する数量に伴って増大し，総費用の増分（限界費用）も生産する数量に伴って増大するため，下に凸の右上がりのグラフになった（図4-2）。

　本章では生産関数（図4-1）の見方に立ち戻り，これを生産要素の投入から出発して考えていく。通常，企業がある生産要素をどのくらい投入するかは，別の生産要素をどのくらい投入するかに影響する。それに加えて，企業は費用を最小限に抑えながら，さまざまな方法で財・サービスを生産している。そのため，生産要素の供給の増加・減少，価格の上昇・下落があれば，財・サービスの供給や生産方法にも影響が及ぶ。このような点をふまえると，より現実に近い企業の行動を捉えやすくなるはずである。

生産要素（1要素の場合）

　一般に生産要素の投入量を横軸，生産されたものの産出量を縦軸にとると，図5-1のような上に凸の右上がりのグラフになるとされている。このような投入量と産出量の関係を生産関数と呼ぶ。右上がりであるということは，ある財・サービスの産出量が，投入する生産要素の数量に伴って増加していくことを示している。それに加えてグラフが上に凸であるということは，その産出量の増分（図5-1の灰色部分）が，投入する生産要素の数量に伴って減少していくことを意味する。産出量が増加するということと，その増加の仕方が緩やかになる

ということは，まったく矛盾しない。図5-1で灰色の部分を「限界生産物」と
呼ぶ。このグラフが示しているように，通常，限界生産物が投入量の増加に伴
って次第に減少していくことを限界生産力逓減の法則と呼ぶ。

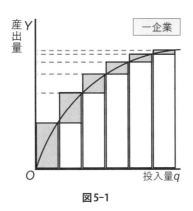

図5-1

生産要素（2要素の場合）

生産要素が2要素の場合の生産関数は，代表的な生産要素として一方を生産
設備などの資本，もう一方を人手つまり労働とすると，$Y = Y(K, L)$ である。
企業の産出量 Y は2生産要素の投入量 K, L，つまり，資本の投入量 K と労働の
投入量 L の両方によって決まる。したがってグラフは q と Y の2次元のグラフ
ではなく，K, L と Y の3次元のグラフになる。資本の投入量 K と労働の投入量
L が多くなるほど，産出量 Y の水準が高くなる，山の斜面を登っていくような
グラフである（図5-2）。

このとき，この山の斜面にさまざまな産出量 Y の高さで等高線を描いていく
と，それぞれの曲線上では産出量 Y に変化がない。このグラフを角度を変えて
真上から眺めると図5-3のようなグラフになる。このように見ると，左下の原
点 O に近づくほど山の斜面の低い部分，つまり産出量が少ない生産の仕方，そ
こから離れて右上に行くほど山の斜面の高い部分，つまり産出量が多い生産の
仕方を表す。そこで，ここから先は産出量 Y の軸を省略して，3次元のグラフ
を真上から見た様子を2次元のグラフで考えていく。

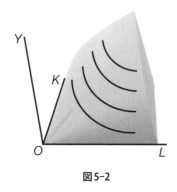

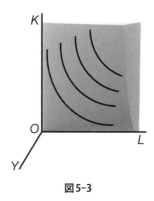

図5-2   図5-3

2. 等産出量曲線と代替・補完

等産出量曲線

　先ほど見た等高線を等産出量曲線と呼ぶ。等産出量曲線は，産出量が同じになる2生産要素（労働，資本）の投入量の組み合わせを表す線である。

　図5-4のグラフの横軸は労働の投入量，縦軸は資本の投入量である。たとえば，点A(10, 40)は労働を10，資本を40投入する生産の仕方，点B(40, 10)は労働を40，資本を10投入する生産の仕方を表している。今，点Aの生産の仕方で生産しても点Bの生産の仕方で生産してもこの企業の産出量が同じであるとしたら，点A，Bを通る等産出量曲線が引かれる。同一の等産出量曲線上にあるときには，どちらの点で生産しても産出量は同じである。

　あるいは，点C(20, 60)は労働を20，資本を60投入する生産の仕方，点D(40, 30)は労働の投入量が40，資本の投入量が30の生産の仕方を表している。今，点Cの生産の仕方で生産しても点Dの生産の仕方で生産してもこの企業の産出量が同じであるとしたら，点C，Dを通る等産出量曲線が引かれる。同一の等産出量曲線上にあるときには，どちらの点で生産しても産出量が同じである。異なる等産出量曲線上で比較すると，点Cや点Dは点Aや点Bよりも産出量が大きくなっているはずである。点Aや点Bに比べて点Cや点Dは2生産要

素のうち少なくとも一方をより多く投入する生産の仕方だからである。

労働，資本の数量次第で企業の産出量はさまざまなので，このような等産出量曲線を何本も引くことができる。何本も引かれたときには原点に近いものほど産出量が小さく，原点から離れていくほど産出量が大きくなる。通常，2つの生産要素の投入量がともに増加すると，必ず産出量は増大する。産出量が増大すると同一の等産出量曲線上に留まることはできないため，右上の別の等産出量曲線に移っていく。

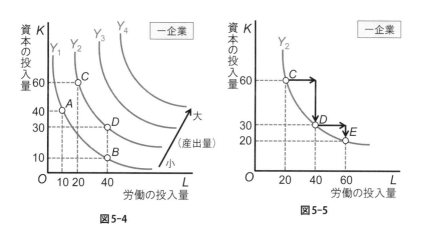

図5-4

図5-5

限界代替率

等産出量曲線は一般に右下がりであるが，その傾き具合も重要である。等産出量曲線の傾きを考えるとき，限界代替率という言葉を使う。限界代替率とは，産出量を一定に保つとき，労働の1単位の増加によって代替できる資本の減少量のことを指し，等産出量曲線の傾きの反数（符号を逆にした数）である。[28]

$$限界代替率 MRS = -\frac{\Delta K}{\Delta L}$$

---

28) 変化量ΔK, ΔLを微小と考えて微分法を用いると，限界代替率は，次式により計算することができる。（さらにこれは，生産関数を各要素の投入量で偏微分したものの比に等しい。注29参照。）

$$限界代替率 MRS = -\frac{dK}{dL}$$

たとえば，図5-5のように1本の等産出量曲線上の点を考える。企業の生産の仕方が点Cから点Dに移ると，労働の投入量が20から40に増え，資本の投入量は60から30に減る。このとき，限界代替率は，

$$MRS = -\frac{\Delta K}{\Delta L} = -\frac{30-60}{40-20} = \frac{3}{2}$$

である。さらに，企業の生産の仕方が点Dから点Eに移ると，労働の投入量は40から60に増え，資本の投入量は30から20に減る。このとき，限界代替率は，

$$MRS = -\frac{\Delta K}{\Delta L} = -\frac{20-30}{60-40} = \frac{1}{2}$$

　ここで限界代替率が$\frac{3}{2}$から$\frac{1}{2}$に減少しているように，労働の投入量を増やしていくと限界代替率（資本で表した労働の貢献度）は減少していく。これは労働の投入量を増やしていくと，資本に比べて労働が相対的に重要ではなくなっていくためである。本章の冒頭で限界生産力逓減の法則に触れたように，特定の生産要素のみを投入し続けるとその限界生産物が次第に減少していくことを反映している。逆に，資本の投入量を増やしていっても，その限界代替率（労働で表した資本の貢献度）は減少していく。これを限界代替率逓減の法則と呼ぶ。

生産要素の代替性・補完性

　今述べた代替という考え方は，2つの生産要素（投入物）の関係についての重要な概念である。同一の財・サービスを生産する際に，労働と資本という生産要素の間に代替性がある場合，その投入の比率を変えても生産が可能な場合がある。たとえば，農業を見ると，先進国では機械などを用いた資本集約的農業が行われるのに対して，途上国では多くの人手を使った労働集約的農業が行われる。あるいは，産業（財・サービス）ごとに生産方法に特徴がある場合もある。たとえば，鉄鋼や石油化学のように，資本集約的産業と呼ばれる産業では，労働よりも資本を多く使用している。繊維や雑貨のように労働集約的産業と呼ばれる産業では，資本よりも労働を多く使用している。

　他方，生産要素（投入物）間に補完性がある場合もある。同一の財・サービ

スを生産する際，労働と資本の間に補完性がある場合は，それらを特定の比率で投入して生産しなければならない。たとえば，工作機械1台につき機械工が1人ついていなければならない，あるいはトラクター1台につき運転手が1人いなければならないといった場合である。

等産出量曲線の形状

以上の代替・補完の定義をふまえたうえで，等産出量曲線のさまざまな形状を考えてみよう（図5-6）。通常，2つの生産要素は，ある程度まで代替的で，ある程度まで補完的であるので，等産出量曲線は(1)と(3)の中間の形状，つまり直線でもL字型でもない，(2)のような右下がりの曲線になる。それに対して(1)や(3)〜(8)は特殊な形状の等産出量曲線となっている。

(1)は2種類の輪転機（印刷作業に使う機械）が速度だけの違いで完全に代替的な場合である。輪転機（1倍速）と輪転機（2倍速）を組み合わせて，一定量を印刷できる台数の組み合わせを例示している。それぞれの線の縦軸上の端点は輪転機（2倍速）のみ，横軸上の端点は輪転機（1倍速）のみ，両端ではなく間の部分は輪転機（1倍速）と輪転機（2倍速）を組み合わせて同じ数量を印刷する場合である。輪転機（1倍速）2台で輪転機（2倍速）1台の代わり（代替）となるので，必要な台数の比は常に2：1，したがって，このような直線の等産出量曲線が並ぶ。

(3)は縫製作業において1台のミシンに必ず1人，縫製工がつかなければならないような，完全に補完的な場合である。縫製工が1人のとき，ミシンのみが1台，2台，3台と増えても産出量は変わらない。同様にミシンが1台のとき，縫製工のみが1人，2人，3人と増えても産出量は変わらない。産出量が増えるのはミシンと縫製工の数が両方ともに増えたときなので，そのときにのみ右上の等産出量曲線に移っていく。したがって，このようなL字型の等産出量曲線が並ぶ。

(4)は2つの生産要素のうち要素2が役に立たない，産出量に貢献しない場合である。要素2が産出量に貢献しない場合，横軸の要素1の数量のみによっ

て産出量が決まるので，横軸の要素1の数量が決まれば，縦軸の要素2の数量が変わっても産出量は変わらない。横軸の要素1の数量が増えたときにのみ，産出量が増大し，右の等産出量曲線に移る。したがって，このように垂直な等産出量曲線が並ぶ。

(5) は2つの生産要素のうち要素1が産出量に悪影響を及ぼす場合である。生産要素2が産出量に貢献するのに対して，生産要素1は産出量に悪影響を及ぼすので，最も産出量が高い点は左上，最も産出量が低い点は右下である。左下から右上に進むと産出量への貢献と悪影響が相殺されて変化がないので，このように右上がりの等産出量曲線となる。

(6) は産出量に矛盾が生じている場合である。通常，右上にある等産出量曲線の方が産出量が高くなるので，2本の等産出量曲線を左上の部分で比較すると，左側より右側の等産出量曲線の方が産出量が高いはずであり，右下の部分で比較すると，下側よりも上側の等産出量曲線の方が産出量が高いはずである。しかし，図のように等産出量曲線が交わっている場合，等産出量曲線の上下関係（左右関係）が途中で入れ替わり，産出量の高低が矛盾してしまう。

(7) は2つの生産要素の相性が悪くて同時に投入すると産出量が下がってし

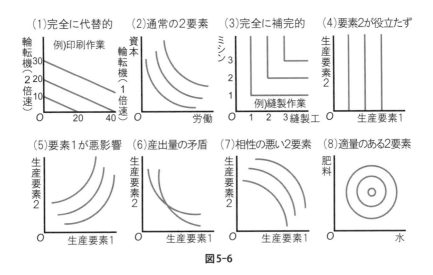

図5-6

まう場合である。通常の2要素の場合と同様に右下がりであるが，原点に対して凸（両端に向かうほど限界代替率逓減）ではなく凹（両端に向かうほど限界代替率逓増）になっている。等産出量曲線の端だけでなく真ん中も原点から遠いということは，2要素を一緒に投入しようとするほど産出量が上がりにくくなる（右上の等産出量曲線へと移行しにくい）ことを示している。

(8)は作物を育てるときの水と肥料のように，効果が飽和する場合である。一番小さい円が山の頂上であり（産出量が最大），そこからさらに多くを投入しようとして右や上に行くと，山の斜面を下り始めてしまう（産出量が下がってしまう）。そのような斜面を上空から見ると，頂上を中心として等高線が何本も引かれることになるので，このように同心円状の等産出量曲線になる。

3. 費用最小化

等費用曲線

等費用曲線とは，総費用が同じになる2つの生産要素（労働，資本）の投入量の組み合わせを表す線である。企業の総費用をTC，資本レンタル料（資本の価格）をr，賃金（労働の価格）をwとすると，

$$rK + wL = TC$$

という式で表される。

たとえば，資本レンタル料が60，賃金が80，総費用が2400のとき，等費用曲線は，$60K + 80L = 2400$である（図5-7）。それぞれの等費用曲線上で左上の端点は資本のみ，右下の端点は労働のみ，その間にある点は両方の要素を投入する点である。同じように総費用が4800のときの等費用曲線は，$60K + 80L = 4800$であり，総費用が7200のときの等費用曲線は，$60K + 80L = 7200$である。複数の等費用曲線を比べた場合，原点に近い方が総費用が少ない。

総費用をそれぞれの生産要素の価格で割れば等費用曲線の端点の値となることから分かるように，等費用曲線の傾きは価格によって決まる。等費用曲線の

傾きの反数（符号を逆にした数）は，2要素の価格比に等しい。

等費用曲線の傾きの反数＝要素価格比 $\dfrac{w}{r}$

先ほどからの数値例では，$\dfrac{w}{r} = \dfrac{80}{60} = \dfrac{4}{3}$ である。

等産出量曲線と等費用曲線

以上の等産出量曲線と等費用曲線を組み合わせて，まず費用最小化を考えていく。

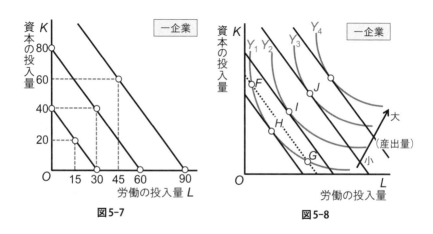

図5-7

図5-8

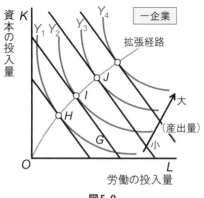

図5-9

等産出量曲線と等費用曲線を組み合わせたとき，総費用は等産出量曲線と等費用曲線が接する点で最小となる。図5-8では，点HがY_1の産出量の下で総費用が最も小さくなる点である。その理由は他の点を考えると分かる。点F，Gは，点Hと同じ等産出量曲線上にあることから産出量は同じであるが，点Hよりも右上の等費用曲線上にあることから，総費用が余計にかかってしまう点である。同じように考えると，点IはY_2の産出量の下で総費用が最も小さくなる点であり，点JはY_3の産出量の下で総費用が最も小さくなる点である。

　このように等産出量曲線が何本もあるとき，右上に行くほど産出量が大きくなるが，それぞれの産出量に応じて総費用が最も小さくなる点が見つかる。

　費用最小点では，等費用曲線と等産出量曲線が接しており，等費用曲線と等産出量曲線の傾きが等しい。等費用曲線の傾きは要素価格比の反数（符号を逆にした数），等産出量曲線の傾きは限界代替率の反数であるので，

要素価格比　$\dfrac{w}{r} = -\dfrac{\Delta K}{\Delta L}$　限界代替率

要素価格比は市場における資本と労働の価格の比率，限界代替率はその企業にとっての資本で表した労働の貢献度の比率なので，この2つが等しいということは，その点では市場での評価と企業の中での生産への貢献度の評価が一致していることを意味する。

　このようにして見つかる費用最小点をすべて結んでいくと，原点から出発して拡張経路と呼ばれる道を辿っていく（図5-9）。この拡張経路は費用最小化しているときの産出量と投入量の関係を表すものであるが，これを費用の観点から捉え直すと総費用曲線，つまり産出量と総費用の関係のグラフになる。

　なお，企業が産出量が下がらないように労働と資本を交換するとき，一定量の労働の投入から得られる生産物と一定量の資本の投入から得られる生産物は等しいはずである（そうでなければ生産物が少ない方の生産要素を減らして生産物が多い方の生産要素を増やすはずである）ので，次式が成り立つ。

$|\Delta K| \cdot MP_K = |\Delta L| \cdot MP_L$

ここで，$|\Delta K|$と$|\Delta L|$はそれぞれの生産要素の変化量の絶対値（符号を非負にした値）であり，MP_KとMP_Lはそれぞれの生産要素の限界生産物である。ΔK個分の資本の限界生産物とΔL個分の労働の限界生産物が等しいことを表している。この式を書き直すと，次式のようになり，2要素の限界代替率が2要素の限界生産物の比に等しい[29]。

$$\text{限界代替率} \quad -\frac{\Delta K}{\Delta L} = \frac{MP_L}{MP_K} \quad \text{限界生産物の比}$$

限界生産力均等の法則

以上のように，費用最小化が行われるとき，要素価格比と限界代替率が等しく，かつ，限界代替率は限界生産物の比に等しい。したがって，要素価格比と限界生産物の比が等しいことから，次式が成立する。

$$\frac{MP_L}{w} = \frac{MP_K}{r}$$

これは限界生産力均等の法則と呼ばれ，企業が複数の生産要素を合理的に使用するとき，追加1単位からの限界生産物と価格の比が各生産要素について等しくなるように生産が行われることを意味する。言い換えれば，さまざまな生産要素に支出するどの1円からも同じだけの限界生産物（追加の産出量）が得られるように投入するということである。

たとえば，労働の限界生産物が96，賃金が80円，資本の限界生産物が66，資本レンタル料が60円のとき，

$$\frac{MP_L}{w} = \frac{96}{80} = 1.2$$

---

[29] ΔLとΔKのいずれか一方は正（プラス），他方は負（マイナス）なので，$-\frac{\Delta K}{\Delta L}$とすれば必ず正となり，絶対値記号を外すことができる。2生産要素に関する生産関数が数式で与えられている場合，それを各生産要素の投入量で偏微分したものが限界生産物である。たとえば，労働の投入量がL，資本の投入量がK，生産関数が$Y = K^{\frac{1}{4}}L^{\frac{1}{4}}$であるとき，労働の限界生産物$MP_L = \frac{\partial Y}{\partial L} = \frac{1}{4}K^{\frac{1}{4}}L^{-\frac{3}{4}}$，資本の限界生産物$MP_K = \frac{\partial Y}{\partial K} = \frac{1}{4}K^{-\frac{3}{4}}L^{\frac{1}{4}}$となる。この比をとると，$\frac{MP_L}{MP_K} = \frac{K}{L}$として限界代替率を求められる。（偏微分や指数の計算方法については，巻末の数学に関する補遺を参照。）

$$\frac{MP_K}{r} = \frac{66}{60} = 1.1$$

1円あたりの限界生産物が少ない方（資本）ではなく，1円あたりの限界生産物が多い方（労働）の投入を増やした方が，同じ1円の支出で産出量をより大きくすることができる。1円あたりの限界生産物が多い方（労働）の投入量を増やしていくと，その限界生産物が減少し（限界生産力逓減の法則），もし他方（資本）の限界生産物の方が多くなれば，そちらを投入することになる。このようにして，費用最小化を図ると，投入している各生産要素の限界生産物が等しくなるように生産が行われる。

4. 利潤最大化

総費用曲線

以上の費用最小化を前提として利潤最大化を考える。横軸に数量，縦軸に総費用をとると，一般的に総費用曲線は逆S字型になるとされている（図5-10）。総費用曲線に接線を引くと，その傾きは限界費用（1単位増えたときの費用の増分）に等しい。横軸に数量，縦軸に限界費用をとると，一般的に限界費用は生産量の増加に伴って始めのうち逓減し，その後，逓増する（図5-11）。これは図5-10の総費用曲線において，初めのうちは傾きが減少し，その後，再び増大していくことと対応している。

総収入曲線

企業の総収入は価格×数量で計算される。

総収入　$TR = pY$　価格×数量

横軸に数量，縦軸に総収入をとると，完全競争市場のように市場で価格が決まっている場合，総収入曲線は直線になる（図5-12）。総収入曲線の傾きは，限界

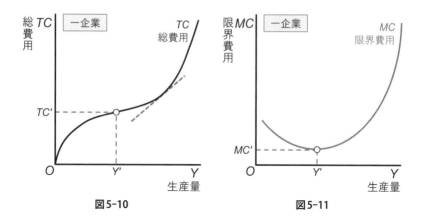

図5-10   図5-11

収入（供給が1単位増えたときの収入の増分）に等しい。完全競争市場では，限界
収入は市場価格と同じであるので，供給量を増やしても一定である。したがって，
横軸に数量，縦軸に限界収入をとると，限界収入曲線は水平になる（図5-13）。

総費用曲線と総収入曲線

　総費用曲線と総収入曲線を組み合わせると，総収入から総費用を引いて利潤
を計算することができる。

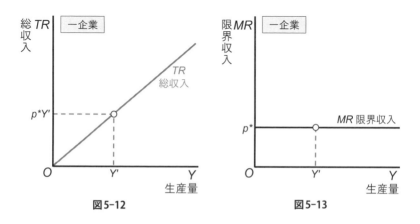

図5-12   図5-13

利潤　$\pi = TR - TC$　総収入－総費用

図5-14では総収入曲線と総費用曲線の間の縦軸方向の距離が利潤となる。たとえば，総収入曲線と総費用曲線の交点となっている点Bや点Cでは利潤ゼロである。また，点Bより左側の範囲や点Cより右側の範囲では，総収入曲線よりも総費用曲線が上にあるため，利潤を計算するとマイナスになる。利潤が最大となるのは，点Bの数量Y_1と点Cの数量Y_2の間，特に総収入曲線と総費用曲線が最も離れる数量Y^*のときである。このとき，総費用曲線上の点Aで接線を引くと，その接線の傾き（総費用曲線の傾き）は，総収入曲線の傾きに等しい。総費用曲線の傾きは限界費用，総収入曲線の傾きは限界収入かつ市場価格であるので，数量Y^*では限界費用＝限界収入＝市場価格が成立している。

限界費用曲線と限界収入曲線

　同じことを限界費用曲線と限界収入曲線で表すと，図5-15のようになっている。完全競争市場で企業の利潤が最大となるとき，このグラフのように，限界費用曲線と限界収入曲線の交点で，限界費用＝限界収入＝市場価格が成立している。

　以上のように，企業は費用最小化した生産方法で，利潤が最大となる数量を

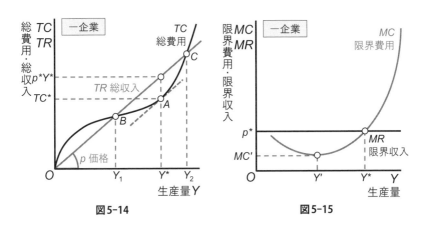

図5-14　　　　　　　　　　　　図5-15

供給する。

生産関数と総費用曲線

　最後に，さまざまな生産関数と総費用曲線の形を確認しておこう（図5-16）。
(1)〜(3)は横軸が投入量，縦軸が産出量の生産関数，(4)〜(6)は横軸が生産量（産
出量），縦軸が総費用の総費用曲線である。

　(1)〜(3)は産出量と限界生産物（収穫，産出の増分）の増減を表しているの
に対して，(4)〜(6)は同じ現象を総費用と限界費用（費用の増分）の増減の観
点から表している。いずれも右上がりの増加のグラフであるが，その増加の仕
方に注目すると大きな違いがある。

　(1)の規模に関する収穫逓減の生産関数は，横軸の投入量の増加に伴って縦
軸の産出量の増分が徐々に減少し，頭打ちになっていくので上に凸の曲線とな
る。たとえば，農林水産業などで見られる現象である。産出量が頭打ちになっ
ていくとき，それを補おうとすれば追加1単位の生産にかかる費用，限界費用
は逓増していくはずである。したがって，(4)の規模に関する収穫逓減の総費
用曲線は，生産に伴う総費用の増分が徐々に増大し，総費用がかかりやすくな
っていくため，下に凸の曲線となる。

　(2)の規模に関する収穫一定の生産関数は，横軸の投入量の増加に伴って縦
軸の産出量の増分が常に一定なので，直線となる。たとえば，軽工業などで見
られる現象である。これを費用の観点から捉え直すと，追加1単位の生産にか
かる費用，限界費用が常に一定だということである。したがって，(5)の規模
に関する収穫一定の総費用曲線は，生産に伴う総費用の増分が常に一定なので，
直線となる。

　(3)の規模に関する収穫逓増の生産関数は，横軸の投入量の増加に伴って縦
軸の産出量の増分が徐々に増大するので，下に凸の曲線となる。たとえば，固
定費用が大きい重化学工業や研究開発の多いソフトウェア産業で見られる現象
である。これを費用の観点から捉え直すと，追加1単位の生産にかかる費用，
つまり限界費用が逓減していくことを意味する。したがって，(6)の規模に関

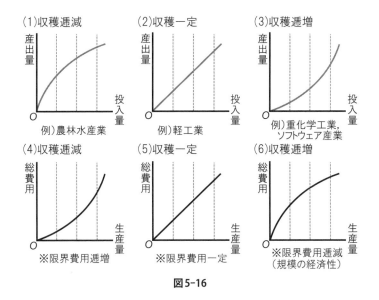

図5-16

する収穫逓増の総費用曲線は，生産に伴う総費用の増分が徐々に減少するので，上に凸の曲線となる。これは規模の経済性とも呼ばれる現象である。

《計算問題》

- ある企業の労働の投入量がL，資本の投入量がK，生産関数が$Y = K^{\frac{1}{4}}L^{\frac{1}{4}}$である。賃金（労働の価格）が1，資本レンタル料（資本の価格）が4のとき，(1) 要素価格比，(2) 限界代替率，(3) 費用が最小となる条件（拡張経路），(4) 生産量が50のときの投入量を求めなさい。（ヒント：注29参照）

$$（答え：(1) \frac{w}{r} = \frac{1}{4} \quad (2) MRS = \frac{K}{L} \quad (3) 4K = L \quad (4) K = 1250, L = 5000）$$

- ある企業の労働の投入量がL，資本の投入量がK，生産関数が$Y = K^{\frac{1}{2}}L^{\frac{1}{4}}$である。賃金（労働の価格）が2，資本レンタル料（資本の価格）が4のとき，(1) 要素価格比，(2) 限界代替率，(3) 費用が最小となる条件（拡張経路），(4) 生産量が27のときの投入量を求めなさい。

（答え：(1) $\dfrac{w}{r}=\dfrac{1}{2}$　(2) $MRS=\dfrac{K}{2L}$　(3) $K=L$　(4) $K=L=81$）

・ある企業の産出量が1000，生産要素（労働，資本）の価格と限界生産物が以下の表のようになっているとき，費用が最小となる投入量の組み合わせとそのときの総費用を求めなさい。

労働の投入量	1	2	3	4	5	6	7	8	9	10
労働の価格	100	100	100	100	100	100	100	100	100	100
労働の限界生産物	180	160	140	120	100	80	60	40	20	0
資本の投入量	1	2	3	4	5	6	7	8	9	10
資本の価格	200	200	200	200	200	200	200	200	200	200
資本の限界生産物	340	320	300	280	260	240	220	200	180	160

（答え：$L=2$，$K=2$のとき，$TC=600$）

・ある企業の労働の投入量がL，資本の投入量がK，生産関数が$Y=K^{\frac{1}{4}}L^{\frac{1}{4}}$，賃金が1，資本レンタル料が4のとき，拡張経路が$4K=L$である。生産する財の市場価格が400であるとき，(1) 総費用関数，(2) 限界費用，(3) 利潤が最大となる生産量とそのときの利潤を求めなさい。（ヒント：注22, 注23参照）

（答え：(1) $TC=4Y^2$　(2) $MC=8Y$　(3) $Y=50$のとき，$\pi=10000$）

・ある企業の労働の投入量がL，資本の投入量がK，生産関数が$Y=K^{\frac{1}{2}}L^{\frac{1}{4}}$，賃金が2，資本レンタル料が4のとき，拡張経路が$K=L$である。生産する財の市場価格が24であるとき，(1) 総費用関数，(2) 限界費用，(3) 利潤が最大となる生産量とそのときの利潤を求めなさい。

（答え：(1) $TC=6Y^{\frac{4}{3}}$　(2) $MC=8Y^{\frac{1}{3}}$　(3) $Y=27$のとき，$\pi=162$）

第 2 部

市場構造と企業戦略の経済理論

第6章
参入と退出

1. 完全競争市場の仕組み

完全競争市場の仕組み

　ここまでで見てきた完全競争市場の重要な特徴を確認しておこう（図6-1）。完全競争市場には多数の家計（消費者）がいて，同じ財・サービスを消費しようとしている。それぞれの家計は，その好みに応じた限界効用曲線（個別需要曲線）を持っている。他方，完全競争市場には多数の企業（生産者）がいて同じ財・サービスを供給しようとしている。それぞれの企業は，その技術に応じた限界費用曲線（個別供給曲線）を持っている。

　すべての消費者の個別需要曲線を集計すると市場全体の需要曲線，すべての企業の個別供給曲線を集計すると市場全体の供給曲線になる。すると，市場需要曲線と市場供給曲線の組み合わせによって市場で需要と供給が一致するように価格が調整される。均衡にない場合，短期では価格，長期では数量（生産設備の増減や参入・退出）による調整が生じる。

　市場で価格が決まると，それぞれの消費者はその価格に基づいて効用最大化を図り，消費する数量を決める。一方，それぞれの企業はその価格に基づいて利潤最大化を図り，生産する数量を決める。

　このようにして市場で決まる価格によって調整されていくのが完全競争市場である。

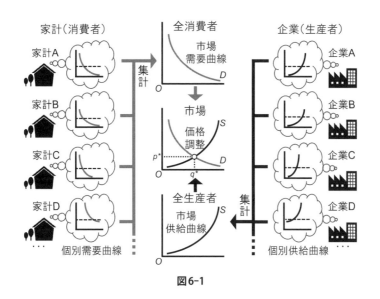

家計（消費者）

家計A

家計B

家計C

家計D

・・・
個別需要曲線

全消費者

市場
需要曲線

市場

価格
調整

p^*

q^*

全生産者

市場
供給曲線

集計

集計

企業（生産者）

企業A

企業B

企業C

企業D

・・・
個別供給曲線

図6-1

2. 完全競争市場の資源配分

完全競争市場の資源配分

　第1章で市場の均衡点における資源配分の最適性について触れたが，前章までに得られた消費者余剰，生産者余剰の概念をふまえて，完全競争市場の資源配分を確認しておこう。消費者余剰は，

　　消費者余剰　$CS = TU - TE$　　総効用 − 総支出

であり，生産者余剰は，

　　生産者余剰　$PS = TR - VC$　　総収入 − 可変費用

であった。社会的余剰は両者を合計して，

　　社会的余剰　$SS = CS + PS$　　消費者余剰 + 生産者余剰

である。

均衡点の数量 q^* を生産・消費するとき（図6-2），消費者余剰は，市場需要曲線と市場価格線で囲まれた部分の面積（斜線部分　）である。生産者余剰は，市場供給曲線と市場価格線で囲まれた部分の面積（斑点部分　）である。社会的余剰は，市場需要曲線と市場供給曲線で囲まれた部分の面積（灰色部分　）である。

　均衡点より少ない数量 q_1 を生産・消費するとき（図6-3），均衡点の数量を生産・消費する場合に比べて，消費者余剰（斜線部分）が減少し，生産者余剰（斑点部分）が減少し，社会的余剰（灰色部分）が減少している。したがって，もしここから生産・消費する数量を増やせば，消費者余剰が増大し，生産者余剰が

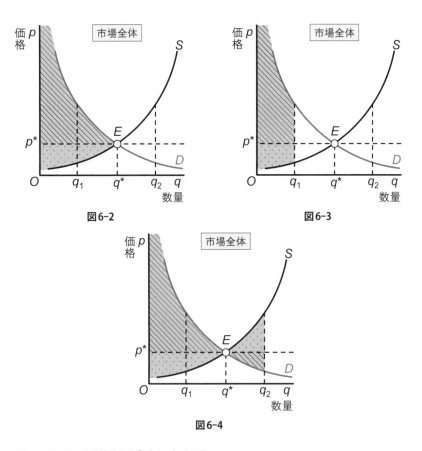

図6-2　　　　　　　　　　　　　　図6-3

図6-4

増大し，社会的余剰が増大する。

　均衡点より多い数量q_2を生産・消費するとき（図6-4），均衡点の前後で市場価格線と需要曲線，市場価格線と供給曲線の上下が逆になっていることに注意しなければならない。数量が0からq^*までの範囲では，消費者余剰と生産者余剰の中身は正（プラス）であるが，数量がq^*からq_2までの範囲は，消費者余剰と生産者余剰の中身は負（マイナス）である。差し引きして考えれば，均衡点の数量を生産・消費する場合に比べて，消費者余剰（斜線部分）が減少し，生産者余剰（斑点部分）が減少し，社会的余剰（灰色部分）が減少している。したがって，もしここから生産・消費する数量を減らせば，消費者余剰が増大し，生産者余剰が増大し，社会的余剰が増大する。

　以上より，消費者余剰，生産者余剰，社会的余剰が最大になるのは，いずれも均衡点の数量q^*で生産・消費が行われるとき（図6-2）であることが分かる。そのとき，消費者全体にとっても，生産者全体にとっても，社会全体にとっても，資源配分が最適である。

3. 完全競争市場における利潤と参入・退出

損益分岐点と利潤の関係

　ここまで見てきたように，完全競争市場の中で競争する企業は，どの企業も市場価格＝限界費用となる数量まで生産を行う。では，企業が市場にいるか否か，言い換えれば，企業の参入や退出はどのような条件で決まるのか。そのためには利潤を計算しなければならない。

　企業が利潤最大化するとき，限界費用曲線と市場価格線の交点で生産する数量が決まる（図6-5）。そのとき，限界費用曲線に加えて平均費用曲線が判明していれば，市場価格と数量から総収入を，平均費用と数量から総費用を計算できる。そして，総収入と総費用が分かると利潤を計算できる。

　　総収入　$TR = pq$　市場価格×数量

総費用　$TC = AC \cdot q$ 　　　　　　　　平均費用×数量

利潤　　$\pi = TR - TC = pq - AC \cdot q$ 　総収入−総費用

　図6-5のように，一般に平均費用曲線はU字型であり，平均費用曲線の底の点で限界費用曲線が交わる[30]。この限界費用曲線と平均費用曲線の交点を損益分岐点と呼ぶ[31]。

　なお，企業が限界費用＝市場価格となる数量で利潤最大化を行っているとき，総収入と総費用は図6-6のような関係にある。市場価格と限界費用が等しくなる数量q^*では，総収入曲線の傾き（限界収入）と総費用曲線の傾き（限界費用）が等しい。

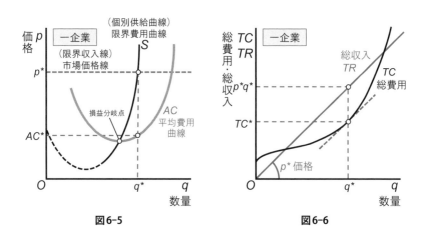

図6-5　　　　　　　　　　　図6-6

---

30) 上記の総費用についての式$TC = AC \cdot q$を微分すると，$MC = AC + (AC)' \cdot q$となる。平均費用が減少も増加もしていない点（U字型の底の点）では平均費用曲線の傾き$(AC)' = 0$であるので，$MC = AC$，つまり，限界費用曲線と平均費用曲線が交わることが分かる。（積の微分の計算方法については，巻末の数学に関する補遺を参照。）

31) 総費用関数が数式で与えられているとき，それを生産量で微分すれば限界費用，平均すれば平均費用が求められるため，損益分岐点を計算によって求めることができる。たとえば，ある企業の総費用関数が$TC = \frac{1}{5}q^3 - 2q^2 + 10q + 200$であるとき，微分すると限界費用は$MC = \frac{dTC}{dq} = \frac{3}{5}q^2 - 4q + 10$，平均費用は$AC = \frac{TC}{q} = \frac{1}{5}q^2 - 2q + 10 + \frac{200}{q}$であるので，$MC = AC$を解くと，損益分岐点の生産量は$q = 10$，そのときの限界費用および平均費用は$MC = AC = 30$と分かる。

(1) 価格が損益分岐点より上の場合

　市場価格が損益分岐点（限界費用曲線と平均費用曲線の交点）より上にある場合，市場価格線は図6-7のような位置にある。企業が利潤最大化を図ると限界費用曲線と市場価格線の交点で生産量が決まり，この数量 q^* のときを見ると，市場価格が平均費用を上回っている（市場価格＞平均費用）。

　このとき，総収入（図6-7 灰色部分）から総費用（図6-7 斑点部分）を引くと利潤（図6-7 斜線部分）は正（プラス）である。

$$\pi = TR - TC = pq - AC \cdot q > 0$$

利潤は総費用を支払っても残るため（超過利潤），それを使って長期的には生産規模（生産設備）を拡大することができる。もし市場の全体を見たときに，多くの企業で超過利潤が生じているならば，その利潤を狙ってその市場（産業）に新たな企業が参入してくる。新たな企業が参入すると，市場全体の供給量が増えるため（超過供給），市場価格は下落していくはずである。

(2) 価格が損益分岐点より下の場合

　市場価格線が損益分岐点（限界費用曲線と平均費用曲線の交点）より下にある

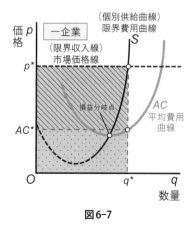

図6-7

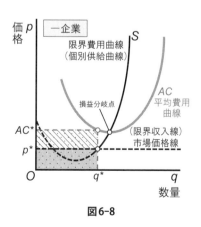

図6-8

場合，市場価格線は図6-8のような位置にある。企業が利潤最大化を図ると限界費用曲線と市場価格線の交点で生産量が決まり，この数量 q^* のときを見ると，市場価格が平均費用を下回っている（市場価格＜平均費用）。

　このとき，総収入（図6-8灰色部分）から総費用（図6-8斑点部分）を引くと利潤（図6-8斜線部分）は負（マイナス）である。

$$\pi = TR - TC = pq - AC \cdot q < 0$$

利潤は総費用を支払うと不足し，長期的には現在の生産規模（生産設備）を維持することができない。もし市場の全体を見たときに，多くの企業で利潤が負（マイナス）ならば，その市場（産業）から一部の企業が退出していく。一部の企業が退出すると，市場全体の供給量が減るため（超過需要），市場価格は上昇していくはずである。

（3）価格がちょうど損益分岐点の場合

　市場価格線がちょうど損益分岐点（限界費用曲線と平均費用曲線の交点）を通っている場合，市場価格線は図6-9のような位置にある。企業が利潤最大化を図ると限界費用曲線と市場価格線の交点で生産量が決まり，この数量 q^* のときを見ると，ちょうど市場価格＝平均費用となっている。

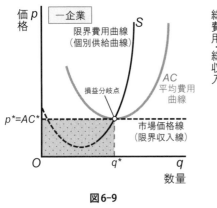

図6-9

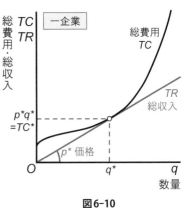

図6-10

このとき，総収入（図6-9灰色部分）から総費用（図6-9斑点部分）を引くと利潤は0（ゼロ）である。

$$\pi = TR - TC = pq - AC \cdot q = 0$$

利潤は総費用（正常利潤と呼ばれる通常の経営者の報酬も含む）を支払って無くなるが，長期的に現在の生産規模（生産設備）を維持することができる。もし市場の全体を見たときに，多くの企業で利潤がゼロならば，その市場（産業）では企業の参入や退出が生じない。もし他の事情が同じならば，つまり市場（産業）に何か別の影響がないとしたら，同一市場のすべての企業の利潤が0（ゼロ）となる点で長期均衡と呼ばれる状態になる。

　以上のように，損益分岐点は企業の利潤が正（プラス）になるか負（マイナス）になるかの分かれ目であり，その大きさによって企業の参入や退出が生じる。

　なお，市場価格がちょうど損益分岐点にある場合，総収入と総費用は図6-10のような関係にある。市場価格＝限界費用＝平均費用となる数量q^*では，総収入曲線と総費用曲線が接し，総収入に総費用がちょうど等しくなっているため，利潤を計算すると0（ゼロ）になる。

4. 完全競争市場における粗利潤と操業

操業停止点と粗利潤の関係

　では，上記の(2)のように価格が損益分岐点より下（利潤が負）の場合，企業は直ちに市場から退出すべきだろうか。そのためには，粗利潤（生産者余剰）を計算しなければならない。

　企業が利潤最大化するとき，限界費用曲線と市場価格線の交点で生産する数量が決まる（図6-11）。そのとき，限界費用曲線に加えて平均費用曲線が判明していれば，平均費用曲線の下方に平均可変費用曲線を描くことができる。[32] 平均可変費

32）総費用は固定費用と可変費用の合計であるので，総費用を数量で割った1単位あたりの平均費用は，平均固定費用と平均可変費用からなる。後者を示すのが平均可変費用曲線である。

用曲線が判明していれば，価格と数量から総収入を，平均費用と数量から総費用を，平均可変費用と数量から可変費用を計算できる。そして，総収入と総費用が分かると利潤を，総収入と可変費用が分かると粗利潤（生産者余剰）を計算できる。

総収入	$TR = pq$	価格×数量
総費用	$TC = AC \cdot q$	平均費用×数量
可変費用	$VC = AVC \cdot q$	平均可変費用×数量
利潤	$\pi = TR - TC = pq - AC \cdot q$	総収入−総費用
粗利潤	$PS = TR - VC = pq - AVC \cdot q$	総収入−可変費用

図6-11のように，一般に平均可変費用曲線はU字型であり，平均可変費用曲線の底の点で限界費用曲線が交わる[33]。この限界費用曲線と平均可変費用曲線の交点を操業停止点と呼ぶ[34]。

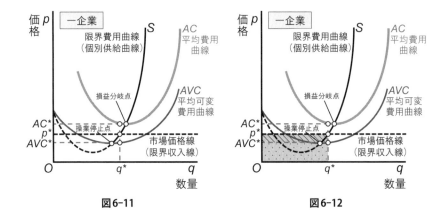

図6-11　　　　　　　　図6-12

---

33) 上記の可変費用についての式 $VC = AVC \cdot q$ を微分すると，$MC = AVC + (AVC)' \cdot q$ となる。平均可変費用が減少も増加もしていない点（U字型の底の点）では平均可変費用曲線の傾き $(AVC)' = 0$ であるので，$MC = AVC$，つまり，限界費用曲線と平均可変費用曲線が交わることが分かる。

34) 総費用関数が数式で与えられているとき，それを生産量で微分すれば限界費用，可変費用に相当する部分を平均すれば平均可変費用が求められるため，操業停止点を計算によって求めることができる。たとえば，ある企業の総費用関数が $TC = \dfrac{1}{5}q^3 - 2q^2 + 10q + 200$ であるとき，微分すると限界費用は $MC = \dfrac{dTC}{dq} = \dfrac{3}{5}q^2 - 4q + 10$，平均可変費用は $AVC = \dfrac{VC}{q} = \dfrac{TC - 200}{q} = \dfrac{1}{5}q^2 - 2q + 10$ であるので，$MC = AVC$ を解くと，操業停止点の生産量は $q = 5$，そのときの限界費用および平均可変費用は $MC = AVC = 5$ と分かる。

（2-a）価格が操業停止点より上の場合

　先ほどの（2）の場合，つまり市場価格が損益分岐点よりも下の場合をさらに3つに場合分けして考えていく。最初に市場価格が操業停止点（限界費用曲線と平均可変費用曲線の交点）より上の場合，市場価格線は図6-12のような位置にある。企業が利潤最大化を図ると限界費用曲線と市場価格線の交点で生産量が決まり，この数量q^*のときを見ると，平均費用，市場価格，平均可変費用の順に大きい（平均費用＞市場価格＞平均可変費用）。

　このとき，総収入から総費用を引くと利潤は負（マイナス）であるが，総収入（図6-12 灰色部分）から可変費用（図6-12 斑点部分）を引くと粗利潤（図6-12 斜線部分）は正（プラス）である。

$$PS = TR - VC = pq - AVC \cdot q > 0$$

利潤が負（マイナス）ということは総費用のすべてを賄うことはできないが，粗利潤が正（プラス）ということは，可変費用のすべてと固定費用の一部を回収できるので，短期的には操業を続けるべきである。しかし長期的にこのような状況が続く場合には，生産規模（生産設備）を調整するか，市場から退出せざるを得ない。

（2-b）価格が操業停止点より下の場合

　市場価格が操業停止点（限界費用曲線と平均可変費用曲線の交点）より下の場合，市場価格線が図6-13のような位置にある。企業が利潤最大化を図ると限界費用曲線と市場価格線の交点で生産量が決まり，この数量q^*のときを見ると，平均費用，平均可変費用，市場価格の順に大きい（平均費用＞平均可変費用＞市場価格）。

　このとき，総収入から総費用を引くと利潤は負（マイナス）であり，総収入（図6-13 灰色部分）から可変費用（図6-13 斑点部分）を引くと粗利潤（図6-13 斜線部分）も負（マイナス）である。

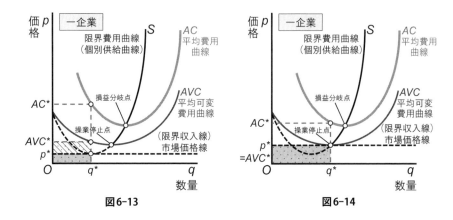

図6-13　　　　　　　　　　図6-14

$$PS = TR - VC = pq - AVC \cdot q < 0$$

粗利潤も負（マイナス）であるとき，総費用の全体はもちろんのこと，可変費用のみであっても賄うことができず，操業すればするほど赤字が増えていくので，短期的にも操業を停止すべきである。当然ながら長期的にも生産規模（生産設備）を調整するか，市場から退出せざるを得ない[35]。

(2-c) 価格が操業停止点にあたる場合

市場価格がちょうど操業停止点（限界費用曲線と平均可変費用曲線の交点）にある場合，市場価格線がちょうど図6-14のような位置にある。企業が利潤最大化を図ると限界費用曲線と市場価格線の交点で生産量が決まり，この数量q^*のときを見ると，平均費用が市場価格よりも大きくなっており，市場価格と平均可変費用が等しくなっている（平均費用＞市場価格＝平均可変費用）。

このとき，総収入から総費用を引くと利潤は負（マイナス）であり，総収入（図6-14 灰色部分）から可変費用（図6-14 斑点部分）を引くと粗利潤は0（ゼロ）で

---

35) したがって，操業停止点より下の範囲では生産量が0となり，限界費用曲線が個別供給曲線にはならないので，グラフでは点線になっている。その範囲で個別供給曲線を正確に描くならば，生産量が0である縦軸上（原点から操業停止点の高さまで）に垂直な線が引かれることになる。

ある。

$$PS = TR - VC = pq - AVC \cdot q = 0$$

利潤が負（マイナス）で粗利潤が0（ゼロ）であるということは，総費用のすべては賄えないが可変費用のみであればちょうど賄えているということを意味する。しかし，可変費用しか回収できず，固定費用をまったく回収することができないため，短期的には操業してもしなくても変わらない状態である。長期的には生産規模（生産設備）を調整するか，市場から退出せざるを得ない。

　以上のように，操業停止点は企業が操業を続けるか否かの分かれ目であり，粗利潤（生産者余剰）の大きさがその判断基準となる。

　なお，市場価格がちょうど操業停止点にある場合，総収入と総費用は図6-15のような関係にある。市場価格＝限界費用＝平均可変費用となる数量q^*では，総収入曲線と総費用曲線の傾きが等しくなっている。総費用曲線の縦軸上の端点の値（数量0のときの総費用）が固定費用である。したがって，数量を0からq^*まで増やしたときの総費用の増分が可変費用であるが，これが今，数量q^*では総収入に等しくなっている。

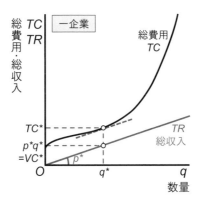

図6-15

5. 不完全競争市場における利潤 〜予備的考察〜

完全競争市場と不完全競争市場の違い

　ここまで見てきたように，完全競争市場では企業はプライス・テーカー（価格受容者）である。企業の費用構造が分かっているとき，価格は市場で決まっており，企業はその価格の下で利潤が最大となる生産量を選ぶ。それにより利潤の大きさが確定する。

　他方，不完全競争市場では，企業はプライス・テーカーではなく，プライス・メーカー（価格決定者）となる。企業の費用構造が分かっているとき，企業は価格を決めることができると同時に生産量を決めることもできる。市場で価格が決まらない分，戦略の余地が生じるのである。

　では，この場合の価格と生産量はどのようにして決めればよいのか。

(1) 目標とする販売価格がある場合

　まずは目標とする販売価格がある場合である。図6-16と図6-17のように企業の費用構造が分かっているとき，①目標とする販売価格（下限は$p = AC$の最小値）を定めたうえで，②利潤（＝総収入－総費用）が最大となる数量を検討する。

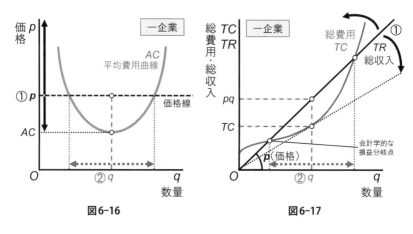

図6-16　　　　　　　　　図6-17

図6-16において，ひとまず目標とする販売価格を定める際に上限はないが，下限は平均費用曲線の最小値でなければならない（図6-16の①）。これを下回ると利潤が負（マイナス）になってしまうからである。図6-17の総費用と総収入のグラフで考えると，販売価格を変えれば総収入曲線の傾きが変わる（図6-17の①）。販売価格が下限となるのは総収入曲線と総費用曲線が接する場合である。以上をもとに，利潤が最大となる数量を検討していく。

　利潤が正（プラス）となるためには平均費用が価格を上回ってはならないので，図6-16では数量は②で示された範囲である。図6-17では数量の下限は総収入曲線と総費用曲線の交点であり，これを求めるのが会計学的な損益分岐点の考え方である。総費用が総収入を上回ってはならないので，数量の上限は総収入曲線と総費用曲線のもう一つの交点である。この②の範囲で利潤つまり総収入マイナス総費用が最大となる数量を検討すればよいが，当然ながら，次のような疑問が残る。①の価格で②の数量が本当に売れるかという問題である。

(2) 目標とする販売数量がある場合

　今度は目標とする販売数量がある場合を考える。図6-18と図6-19のように企業の費用構造が分かっているとき，①目標とする販売数量を定めたうえで，

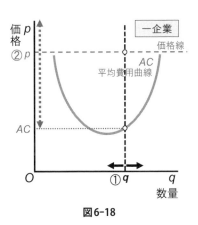

図6-18

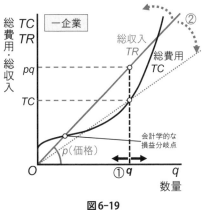

図6-19

②利潤（＝総収入－総費用）が最大となる価格（下限は $p=AC$）を検討する。目標とする販売数量を定めると，そのときの平均費用あるいは総費用が分かる。そのうえで利潤が最大となる価格を検討していく。

　図6-18において，①のように販売数量を定めたとき，ひとまず価格の上限はないが，価格の下限はその数量における平均費用でなければならない（図6-18の②）。それを下回ると利潤が負（マイナス）となってしまうためである。図6-19の総費用と総収入のグラフで考えると，①のように販売数量を定めたとき，価格を変えると総収入曲線の傾きが変わる（図6-19の②）。価格の下限は数量 q にて総収入曲線と総費用曲線が交わるような傾きになる場合であるが，価格の上限は分からない。この②の範囲で利潤つまり総収入マイナス総費用が最大となるよう価格を検討すればよいが，当然ながら，次のような疑問が残る。①の数量が②の価格で本当に売れるかという問題である。

　たとえば，不完全競争市場において，ある企業の総費用関数が $TC = \dfrac{1}{5}q^3 - 2q^2 + 10q + 200$，目標販売量が5であるとき，

数量が5のときの総費用は，$TC = 225$

総収入は，$TR = 5p$

したがって，この企業の目標販売量が5のときに利潤が正となる価格の範囲は，

$$\pi = 5p - 225 > 0$$
$$p > 45$$

であるが，その価格で目標販売量が売れるか否かは未検討である。

以上の分析に足りないもの

　不完全競争市場についての以上の分析が不十分であるのは，企業が設定する価格と売れる数量の関係が考えられていないか，試行錯誤することを前提にしているという点である。価格と数量を別々に決めようとしており，決めた価格

と数量で本当に売れるのかという視点がない。そのため，利潤が正（プラス）となる条件は分かっても，その下でできるだけ高く売る，できるだけ多く売るということ以上の考察を得がたく，利潤最大化のための最適な戦略を考えることが難しい。

　企業が最適な戦略を導くには，価格と売れる数量の関係（つまり経済学でいうところの需要曲線）を考慮に入れる必要がある。需要曲線を考慮に入れると，できるだけ高く売ろうとしたら売れる数量が減るかもしれないし，できるだけ多く売ろうとしたら価格が下がるかもしれないという事実をふまえた分析が可能となる。不完全競争市場の需要曲線を考慮に入れたモデルが必要なのである。

《計算問題》

・完全競争市場において，ある企業の総費用関数が $TC = \dfrac{1}{5}q^3 - 2q^2 + 10q + 200$ であるとき，この企業の平均費用，限界費用，損益分岐点の生産量，利潤が正となる価格の範囲を求めなさい。（ヒント：注31参照）

　（答え：$AC = \dfrac{TC}{q} = \dfrac{1}{5}q^2 - 2q + 10 + \dfrac{200}{q}$，$MC = \dfrac{3}{5}q^2 - 4q + 10$，損益分岐点の生産量は $q = 10$，利潤が正となる価格の範囲は $p > 30$）

・完全競争市場において，ある企業の総費用関数が $TC = q^3 - 30q^2 + 300q + 4000$ であるとき，この企業の平均費用，限界費用，損益分岐点の生産量，利潤が正となる価格の範囲を求めなさい。

　（答え：$AC = \dfrac{TC}{q} = q^2 - 30q + 300 + \dfrac{4000}{q}$，$MC = 3q^2 - 60q + 300$，損益分岐点の生産量は $q = 20$，利潤が正となる価格の範囲は $p > 300$）

・完全競争市場において，ある企業の総費用関数が $TC = \dfrac{1}{5}q^3 - 2q^2 + 10q + 200$ であるとき，この企業の平均可変費用，限界費用，操業停止点の生産量，操業を停止すべき価格の範囲を求めなさい。（ヒント：注34参照）

　（答え：$AVC = \dfrac{1}{5}q^2 - 2q + 10$，$MC = \dfrac{3}{5}q^2 - 4q + 10$，操業停止点の生産量は $q = 5$，操業を停止すべき価格の範囲は $p < 5$）

・完全競争市場において，ある企業の総費用関数が $TC = q^3 - 30q^2 + 300q + 4000$ であるとき，この企業の平均可変費用，限界費用，操業停止点の生産量，操業を停止すべき価格の範囲を求めなさい。

　　（答え：$AVC = q^2 - 30q + 300$，$MC = 3q^2 - 60q + 300$，操業停止点の生産量は $q = 15$，操業を停止すべき価格の範囲は $p < 75$）

・不完全競争市場において，ある企業の総費用関数が $TC = \dfrac{1}{5}q^3 - 2q^2 + 10q + 200$ である。この企業の目標販売量が5のとき，利潤が正となる価格の範囲を求めなさい。ただし，目標販売量が実際に売れるか否かは問題としない。（ヒント：98ページ参照）

　　　　　　　　　　　　　　　　　　　　　　　（答え：$p > 45$）

・不完全競争市場において，ある企業の総費用関数が $TC = q^3 - 30q^2 + 300q + 4000$ である。この企業の目標販売量が10のとき，利潤が正となる価格の範囲を求めなさい。ただし，目標販売量が実際に売れるか否かは問題としない。

　　　　　　　　　　　　　　　　　　　　　　　（答え：$p > 500$）

第7章

独占と独占的競争

1. 供給独占市場の仕組み

市場の分類と財の「質」

　前章までは主に完全競争市場の場合を考えてきた。まったく同じものを多数の企業が供給して競争している市場である。それに対し，本章からは不完全競争市場の場合を考える。前章の最後で触れたように，プライス・テーカー（価格受容者）の仮定を外すと，考えなければならないことが増えてくる。価格メカニズムが十分に機能しない分，企業に戦略の余地が生じる。

　本章では不完全競争市場のうち，言わば両極に位置する独占市場と独占的競争市場について考える。独占市場は一企業のみが供給している市場であるのに対して，独占的競争市場は多数の企業が少しずつ異なるものを供給して競争している市場であり，経営学でいうところの製品差別化が行われている市場である。最も複雑となるのはそれらの市場の中間に位置づけられる寡占市場の場合であるが，それについては次章以降で考えることにしよう。

供給独占市場の仕組み

　前章までの完全競争市場には多数の消費者と多数の企業がいた。各消費者の個別需要曲線をすべて集計すると市場全体の需要曲線，各企業の個別供給曲線をすべて集計すると市場全体の供給曲線になる。この市場全体の需要曲線と供給曲線によって市場で需要と供給が釣り合うように価格が決定される。市場で価格が決まると，それをもとにして家計は消費量を決定し，企業は生産量を決定する。これが完全競争市場の仕組みであった。

　それに対して，供給独占市場においては財・サービスを需要する消費者は多

数いるが，財・サービスを供給する企業は1社しかいない（図7-1）。したがっ
て，その個別企業の供給が市場全体の供給となる。すべての消費者の個別需要
曲線を集計すると市場全体の需要曲線となるが，価格は独占企業によって決定
される。しかし，独占企業は任意の価格で，なおかつ，任意の数量を売れるわ
けではない。独占企業が価格を決定したとしてもその価格の下でどのくらい売
れるのか，言い換えればどのくらいの需要量があるかを左右するのは，市場全
体の需要曲線である。独占企業といえども，独占企業であるからこそ，市場の
需要曲線を考慮したうえで価格を決定しなければならない。

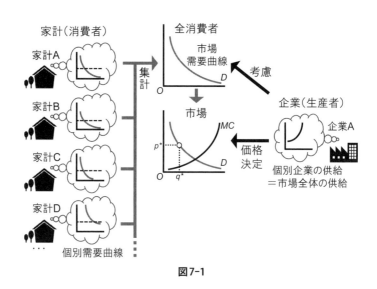

図7-1

独占企業にとっての需要曲線

　独占市場においては供給者が1社しかいないので，独占企業にとっての需要
は市場の需要全体である。市場の需要曲線は独占企業にとって財・サービス1
単位からどのくらいの収入が得られるか，平均収入を表すので，平均収入曲線
と呼ぶこともできる。

　市場の需要曲線が右下がりであるということは，価格がp_1からp_2に上昇す
ると，数量がq_1からq_2に減少するというような関係を表している（図7-2）。価

格を変えると数量も変わり，総収入が変わる。価格がp_1のとき，数量はq_1，総収入はp_1q_1となる。価格がp_2のとき，数量はq_2，総収入はp_2q_2となる。価格を上げると企業が販売可能な数量が減り，逆に数量を増やすには価格を下げなければならず，そのような条件の下で利潤の最大化を図ることになる。

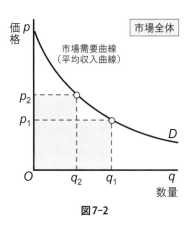

図7-2

総収入曲線

独占企業の総収入曲線を描くと，図7-3のような形になる。横軸の供給量を増やしていくと，縦軸の総収入は一旦増加していくが，やがて減少し始める。

総収入　$TR = pq$　価格×数量

であり，供給量を増やし続けるにはどこかで価格を下げざるを得なくなるからである。この総収入曲線に接線を引いて傾きを調べると，それは限界収入（供給量が1単位増えたときの総収入の増分）である。限界収入をグラフに描くと図7-4のようになる。横軸の供給量を増やしていくと，縦軸の限界収入は徐々に減少していき，やがて負（マイナス）の値をとる。これは図7-3の総収入のグラフで増加の傾きがなだらかになっていき，やがて減少に転じることと対応している。完全競争市場においては，追加1単位の供給から得られる収入の増分は常に市場価格に等しかったが，不完全競争市場の場合，数量が変われば限界収入も変わっていくことが分かる。

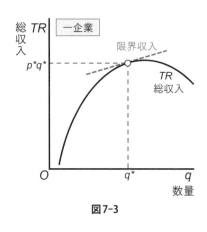

図7-3

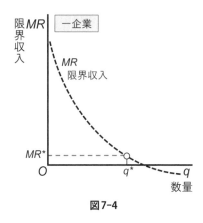

図7-4

総費用曲線

　他方，総費用曲線については完全競争市場のときと同じ形を想定している。一般的に，総費用曲線は図7-5のような逆S字型であるとされる。この総費用曲線に接線を引いて傾きを調べると，それは限界費用（供給量が1単位増えたときの総費用の増分）である。限界費用をグラフに描くと図7-6のようになる。一般的に限界費用は生産量の増加に伴って初めのうち逓減していき，その後，徐々に逓増していく。これは図7-5の総費用曲線のグラフで増加の傾きが初めのうちなだらかになっていき，やがて再び急になっていくことと対応している。

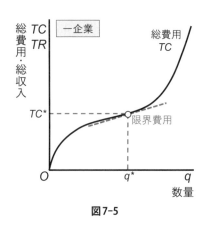

図7-5

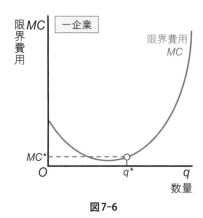

図7-6

総収入曲線と総費用曲線

　以上の総収入曲線と総費用曲線を重ね合わせると図7-7のようになる。利潤は，総収入曲線と総費用曲線の間の縦軸方向の距離である。

　　利潤　$\pi = TR - TC$　総収入－総費用

たとえば，総収入曲線と総費用曲線の交点となっている点Bや点Cでは利潤はちょうどゼロである。点Bよりも左側や点Cよりも右側では，総費用曲線が総収入曲線よりも上にあるため，利潤はマイナスである。したがって利潤がプラスとなるのは，点Bと点Cの間であり，特に総収入曲線と総費用曲線が最も離れる数量q^*のときに利潤は最大となる。点Aにおける接線の傾き（総費用曲線の傾き）は，同じ数量のときの総収入曲線の傾きに等しい（限界費用＝限界収入）。これが独占企業の利潤が最大となる条件である。

限界収入曲線と限界費用曲線

　以上のことは，限界収入曲線と限界費用曲線によって考えることもできる。完全競争市場の場合と同じように，企業は財・サービスの生産から得られる利潤が最大となるように行動する。図7-8には，独占企業の限界費用曲線と市場全体の需要曲線が描かれている。需要曲線から限界収入曲線を導き出す方法は

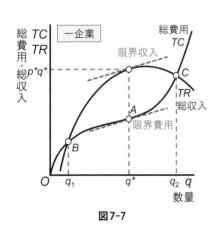

図7-7

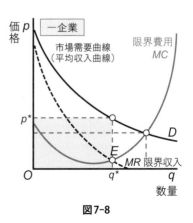

図7-8

後で触れるが，限界収入曲線は市場需要曲線より下に現れる。

　限界収入曲線と限界費用曲線が分かれば，追加1単位を生産・販売するときに基準となるのは，限界収入と限界費用の差である。独占企業は限界収入が限界費用を上回っているとき（限界収入≧限界費用），利潤が増大していくため，生産・販売を行う。限界収入が限界費用を下回っているときは，利潤が減少していくため，生産・販売しない。したがって，限界収入＝限界費用となる点（限界収入曲線と限界費用曲線の交点）の数量q^*で利潤が最大となる。

　この数量q^*を生産・販売するときに，独占企業が設定すべき価格p^*（1単位から得られる平均収入）は，限界収入曲線ではなく市場需要曲線の高さで決定される。このようにして，供給独占市場における企業は価格支配力（価格決定力）を持つプライス・メーカー（価格決定者）となり，完全競争市場よりも高い水準に価格（平均収入）を設定することにより，大きな利潤を得ることができる。

　たとえば，ある供給独占市場において，需要曲線が$D = 900 - p$，独占企業の総費用が$TC = \dfrac{q^2}{2}$であるとき，この企業が設定する価格pと供給量qを考える（図7-9）。この企業の供給量qは市場全体の需要量Dと等しくなければならない（売れなければならない）ので，需要曲線より，

　　$p = 900 - q$

独占企業にとっての総収入は，　$TR = pq = (900 - q)q = -q^2 + 900q$

これを微分すると，限界収入は，$MR = \dfrac{dTR}{dq} = -2q + 900$

限界費用は総費用を微分して，$MC = \dfrac{dTC}{dq} = q$

この企業が利潤最大化するとき，限界収入＝限界費用より，$-2q + 900 = q$

これを解いて$p = 900 - q$に代入すると，$q = 300, p = 600$

したがって，この企業は価格600，数量300で独占的な供給を行う。

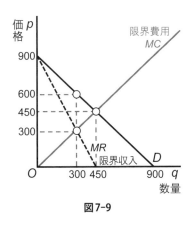

図7-9

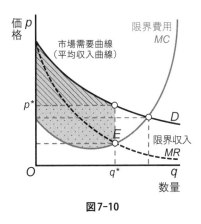

図7-10

2. 供給独占市場の資源配分

供給独占における資源配分

供給独占市場の資源配分を確認しておこう（図7-10）。以上のように，独占企業の利潤が最大となるのは，限界収入曲線と限界費用曲線の交点の生産量q^*のときである。そのときの価格p^*は市場需要曲線の高さで決まる。完全競争市場の場合（市場需要曲線と限界費用曲線の交点）に比べると，独占企業は供給量を制限して価格を吊り上げていることが分かる。

このとき，消費者余剰は，市場需要曲線と市場価格線の間の面積（斜線部分 ▨▨），生産者余剰は限界費用曲線と市場価格線の間の面積（斑点部分 ▦）である。社会的余剰は，市場需要曲線と限界費用曲線で囲まれた部分の面積（灰色部分 ▤）である。したがって，完全競争市場の場合に比べて，供給独占の下では社会的余剰が減少することが分かる。この減少分を死重的損失と呼ぶ。

たとえば，先ほどと同様に，ある供給独占市場において，需要曲線が$D = 900 - p$，独占企業の総費用が$TC = \dfrac{q^2}{2}$であるとき，消費者余剰，生産者余剰，社会的余剰，死重的損失を考える（図7-11）。先ほどの計算結果より，この企業の供給量は300，価格は600である。消費者余剰は，図7-11の斜線部分であるので，

$$CS = 300 \times 300 \times \frac{1}{2} = 45000$$

生産者余剰は，図7-11の斑点部分であるので，

$$PS = 300 \times 300 + 300 \times 300 \times \frac{1}{2} = 135000$$

社会的余剰は，図7-11の灰色部分であるので，

$$SS = 45000 + 135000 = 180000$$

死重的損失は，図7-11の黒色部分であるので，

$$DWL = 300 \times 150 \times \frac{1}{2} = 22500$$

あるいは，完全競争市場の場合の社会的余剰から先ほど計算した社会的余剰を引いて，

$$DWL = 900 \times 450 \times \frac{1}{2} - 180000 = 22500$$

である。

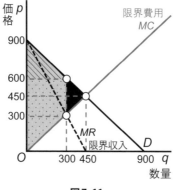

図7-11

3. 独占的競争（製品差別化）

独占的競争市場の仕組み

　次に独占的競争（製品差別化）の場合を考えよう。独占的競争（製品差別化）とは，財・サービスが同質でない市場（産業）に多数の売り手（供給者）がいて競争している場合である[36]。独占的競争市場には，完全競争市場と同じように多数の消費者と多数の企業がいる（図7-12）。しかし完全競争市場とは異なり，少しずつ違いのある財・サービス，互いに差別化された財・サービスが供給されている。その結果，それぞれの消費者は自身の嗜好（好み）に応じて財・サービスを選択して消費するが，価格によっては他企業の財・サービスに乗り換える。財・サービスが少しずつ異なっていることから，それぞれの企業はある程度の独占力（価格支配力）を持つが，常に新たな企業が参入して需要（シェア）を奪われる可能性がある。

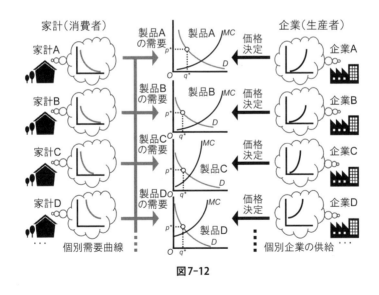

図7-12

36）独占的競争の理論はチェンバリンによって展開された。エドワード・H・チェンバリン著，青山秀夫訳（1976）『独占的競争の理論』至誠堂。

独占的競争と利潤

独占的競争市場の企業は，独占企業と同じように限界収入曲線と限界費用曲線の交点で利潤最大化を図る（図7-13）。数量がq^*のときにこの企業が設定すべき価格p^*，つまり1単位あたりの平均収入は，限界収入曲線ではなく需要曲線の高さで決まる。このとき，限界費用曲線に加えて平均費用曲線が判明していれば，価格と数量から総収入を，平均費用と数量から総費用を計算できる。そして，総収入と総費用が分かると利潤を計算できる。

総収入	$TR = pq$	価格×数量
総費用	$TC = AC \cdot q$	平均費用×数量
利潤	$\pi = TR - TC = pq - AC \cdot q$	総収入−総費用

(1) 需要曲線が平均費用曲線と交わっている場合

需要曲線が平均費用曲線と交わっている場合，需要曲線は図7-14のような位置にある。この企業が利潤最大化を図ると限界費用曲線と限界収入曲線の交点で生産量が決まり，この数量q^*のときを見ると，市場価格が平均費用を上回っている（市場価格＞平均費用）。

このとき，総収入（図7-14灰色部分）から総費用（図7-14斑点部分）を引くと

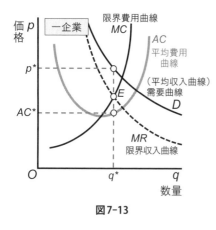

図7-13

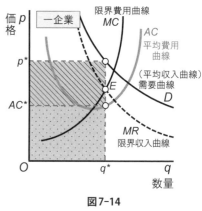

図7-14

利潤（図7-14斜線部分）は正（プラス）である。

$$\pi = TR - TC = pq - AC \cdot q > 0$$

市場全体を見たとき，もし多くの企業でこのように超過利潤が生じているならば，その市場（産業）に新たな企業が参入してくる。新たな企業が参入すると，この企業に対する需要は減少し，需要曲線が左にシフトする。

(2) 需要曲線が平均費用曲線の左下にある場合

需要曲線が平均費用曲線の左下にある場合，需要曲線は図7-15のような位置にある。この企業が利潤最大化を図ると限界費用曲線と限界収入曲線の交点で生産量が決まり，この数量q^*のときを見ると，市場価格が平均費用を下回っていることが分かる（市場価格＜平均費用）。

このとき，総収入（図7-15灰色部分）から総費用（図7-15斑点部分）を引くと利潤（図7-15斜線部分）は負（マイナス）である。

$$\pi = TR - TC = pq - AC \cdot q < 0$$

市場全体を見たとき，もし多くの企業でこのように利潤が負（マイナス）になっているならば，その市場（産業）から一部の企業が退出していく。一部の企

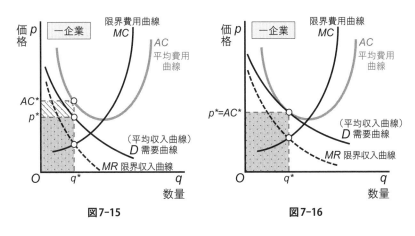

図7-15　　　　　　　　　　　図7-16

業が退出すると，この企業に対する需要は増大し，需要曲線が右にシフトする。

(3) 需要曲線が平均費用曲線と接している場合

　需要曲線が平均費用曲線と接している場合，需要曲線は図7-16のような位置にある。この企業が利潤最大化を図ると限界費用曲線と限界収入曲線の交点で生産量が決まり，この数量 q^* のときを見ると，市場価格と平均費用が等しくなっていることが分かる（市場価格＝平均費用）。

　このとき，総収入（図7-16灰色部分）から総費用（図7-16斑点部分）を引くと利潤は0（ゼロ）である。

$$\pi = TR - TC = pq - AC \cdot q = 0$$

市場全体を見たとき，もし多くの企業でこのように利潤が0（ゼロ）ならば，その市場（産業）では企業の参入や退出が生じない。同一市場のすべての企業の利潤がゼロとなる点で長期均衡と呼ばれる状態になる。ただし，完全競争市場の長期均衡では平均費用曲線の底の点，平均費用が最小となる点で生産が行われていたが，この独占的競争の長期均衡ではそれよりも少ない数量で生産が行われている。これは社会全体にとっては最も効率的な方法で生産が行われているわけではないことを意味する。

　たとえば，独占的競争市場において，ある企業に対する需要が $D = 900 - p$，総費用が $TC = \dfrac{q^2}{2}$ であったが，競合企業が新規参入したことにより，この企業に対する需要が各価格で300ずつ減少したとする（図7-17）。競合企業が新規参入する前の供給量と価格は，先ほど計算した独占企業の場合と同様なので，

$$q = 300, \quad p = 600$$

である。競合企業が新規参入すると需要曲線が左にシフトし，

$$D = (900 - p) - 300 = 600 - p$$

となるので，この企業の供給量 q が需要量 D と等しくなることから，

$$p = 600 - q$$

この企業にとっての総収入は，$TR = pq = (600 - q)q = -q^2 + 600q$

これを微分すると，限界収入は，$MR = \dfrac{dTR}{dq} = -2q + 600$

限界費用は総費用を微分して，$MC = \dfrac{dTC}{dq} = q$

この企業が利潤最大化するとき，限界収入＝限界費用より，$-2q + 600 = q$

これを解いて $p = 600 - q$ に代入すると，$q = 200,\ p = 400$

したがって，この企業は価格 400，数量 200 で供給を行うようになることが分かる。

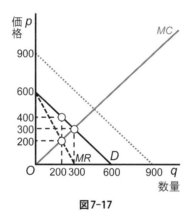

図7-17

《計算問題》

・ある供給独占市場において，需要曲線が $D = 900 - p$，独占企業の総費用が $TC = \dfrac{q^2}{2}$ であるとき，この企業が設定する価格と供給量を求めなさい。
（ヒント：106ページ参照）

（答え：$q = 300$, $p = 600$)

・ある供給独占市場において，需要曲線が$D = 1200 - p$，独占企業の総費用が$TC = 2q^2$であるとき，この企業が設定する価格と供給量を求めなさい。

（答え：$q = 200$, $p = 1000$)

・ある供給独占市場において，需要曲線が$D = 900 - p$，独占企業の総費用が$TC = \dfrac{q^2}{2}$であるとき，(1) 消費者余剰，(2) 生産者余剰，(3) 社会的余剰，(4) 死重的損失を求めなさい。(ヒント：107ページ参照)

（答え：(1)$CS = 45000$，(2)$PS = 135000$，(3)$SS = 180000$，(4)$DWL = 22500$)

・ある供給独占市場において，需要曲線が$D = 1200 - p$，独占企業の総費用が$TC = 2q^2$であるとき，(1) 消費者余剰，(2) 生産者余剰，(3) 社会的余剰，(4) 死重的損失を求めなさい。

（答え：(1)$CS = 20000$，(2)$PS = 120000$，(3)$SS = 140000$，(4)$DWL = 4000$)

・独占的競争市場において，ある企業に対する需要が$D = 900 - p$，総費用が$TC = \dfrac{q^2}{2}$である。競合企業が新規参入したことにより，この企業に対する需要が各価格で300ずつ減少したとき，この企業が設定する価格と供給量を求めなさい。(ヒント：112ページ参照)

（答え：$q = 200$, $p = 400$)

・独占的競争市場において，ある企業に対する需要が$D = 1200 - p$，総費用が$TC = 2q^2$である。競合企業が新規参入したことにより，この企業に対する需要が各価格で300ずつ増加したとき，この企業が設定する価格と供給量を求めなさい。

（答え：$q = 250$, $p = 1250$)

第8章

寡占(数量競争)

1. 複占市場の仕組み

　前章までは完全競争市場，そして，不完全競争市場のうち独占市場と独占的
競争市場の場合を考えた。本章では，不完全競争市場の中でも特に企業に戦略
の余地が生じる市場，寡占市場について考える。その際，複数の企業が同質な
財を供給する場合と異質な財を供給する場合がある。

　複占市場においては，財・サービスを需要する消費者は多数いるが，財・サ
ービスを供給する企業は2社しかいない（図8-1）。すべての消費者の個別需要
曲線を集計すると市場全体の需要曲線になるが，価格は2社が戦略的な駆け引
きを行いながら決定される。それぞれの消費者はその価格に基づいて消費量を
決定する。

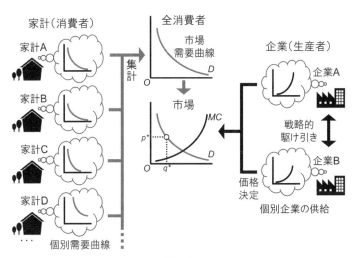

図8-1

複占企業にとっての需要曲線（同質財）

　独占企業と同じように，複占企業は価格支配力を持つが，その売れる数量は需要曲線で決まっている。需要曲線があるとき，価格が決まれば数量が決まり，数量が決まれば価格が決まる。その下で各企業は利潤を最大化できるような価格・数量の組み合わせを追求する。

　複占企業がまったく同一の財・サービスを供給している場合には，通常，各企業の価格は同一になる。同じものに別々の価格は付かないからである。そのとき，同一の価格の下での各企業の生産量を合計すれば，市場全体の需要量と等しくなっている（図8-2）。市場全体の需要量を企業Aと企業Bで分け合うとすれば，それぞれの数量 q_A, q_B の合計が q^* に等しい。

複占企業にとっての需要曲線（異質財）

　他方，財が異質な場合というのは，複占企業が差別化された財・サービスを供給している場合である。この場合，各企業の価格は異なる可能性があり，異なるものには別々の価格がつく。供給しているのが企業Aと企業Bだとすれば，それぞれの企業は別々の需要曲線を持つことになる（図8-3）。企業Aの価格 p_A が決まれば企業Aに対する需要量 q_A が決まり，企業Bの価格 p_B が決まれば企業Bに対する需要量 q_B が決まる。ただし両者は同じ市場で競争しているので，

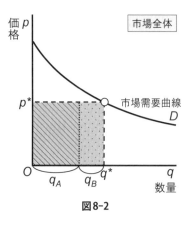

図8-2

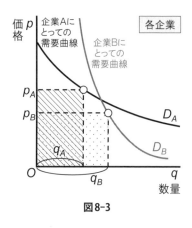

図8-3

一方の企業の生産量が増加すると，多かれ少なかれ他方の企業に対する需要量が減少（需要曲線が左にシフト）するという関係にある。

2. クールノー競争

クールノー競争とは

　まずはクールノー競争と呼ばれる競争の仕方を考える。クールノー競争とは，各企業が他の企業の生産量を所与（与えられたもの）として，利潤最大化できる生産量を追求する競争である。[37] 互いの生産量によって互いの生産量が決まるという戦略的状況である。そのとき，各企業が利潤最大化をするには，他社のさまざまな生産量に対する自社の最適な反応（生産量）を考える必要がある。

Antoine Augustin
Cournot
(1801-1877)

　クールノー競争は以下のようなステップで進む（図8-4）。まず他社の生産量を把握する。そして，その他社の生産量を前提として自社の利潤が最大となる生産量で生産を行う。すると，他社も自社の生産量に反応し，他社の生産量が変わるかもしれない。もし他社の生産量が変われば，それに反応して自社の生産量をさらに変えることになるが，他社の反応の仕方（生産量の決め方）までは事前に把握することができていない，予想できていないと考える（予想できる場合は，次節のシュタッケルベルク競争となる）。

図8-4

---

37) オーギュスティン・A・クールノー著，中山伊知郎訳 (1982)『富の理論の数学的原理に関する研究』日本経済評論社。

クールノー競争のモデル（同質財）

　同質財を供給している場合，市場全体の需要曲線（価格pと需要量Dの関係式）がある。そのとき，各企業の生産量q_A，q_Bの合計は，市場全体の需要量Dと等しくなければならない（売れなければならない）ので，

$$D = q_A + q_B$$

である。したがって，価格pと需要量Dの関係，需要量Dと生産量q_A，q_Bの関係から，価格pを両企業の生産量q_A，q_Bで表すことができる。それを使って各企業の利潤が最大となる条件（限界収入＝限界費用）を求めると，各企業の最適な生産量の決め方（反応関数）が判明する。

　図8-5のようにグラフの横軸を企業Aの生産量q_A，グラフの縦軸を企業Bの生産量q_Bとすると，企業A，Bの反応関数を表す曲線（反応曲線）は，このような直線として描かれる。そして，両企業の反応関数から均衡点E（クールノー均衡）で生産量と価格が決まる。

　均衡点以外のところ，たとえば，縦軸上の企業Bの任意の生産量から出発した場合，それに対する企業Aの反応（生産量）が企業Aの反応曲線で決まる。すると，その企業Aの生産量に対する企業Bの反応（生産量）が決まり，その企業Bの生産量に対する企業Aの反応（生産量）が決まるというように均衡点

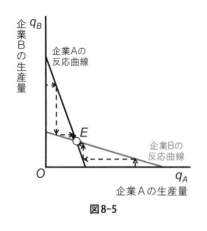

図8-5

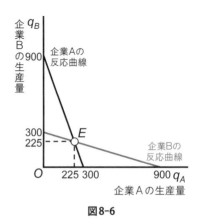

図8-6

に近づいていく。同じように，横軸上の企業Aの特定の生産量から出発した場合，それに対する企業Bの反応（生産量）が企業Bの反応曲線で決まる。すると，その企業Bの生産量に対する企業Aの反応（生産量）が決まり，その企業Aの生産量に対する企業Bの反応（生産量）が決まるというように均衡点に近づいていく。このようにして，各企業が利潤最大化をすると，互いの生産量が互いにとって最適な反応（生産量）となる均衡点に達する。

クールノー均衡（同質財）の計算(1)

たとえば，ある複占市場において，需要曲線が$D = 900 - p$，企業A，Bの限界費用が$MC_A = q_A$，$MC_B = q_B$であるとき，クールノー均衡における企業A，Bの生産量と価格を考える（図8-6）。まず，各企業の生産量q_A，q_Bの合計は，市場全体の需要量Dと等しくなければならない（売れなければならない）ので，

$$D = 900 - p \text{ かつ } D = q_A + q_B \text{ より，} p = 900 - q_A - q_B$$

企業Aの総収入をq_A，q_Bで表すと，

$$TR_A = pq_A = (900 - q_A - q_B)q_A = -q_A{}^2 + (900 - q_B)q_A$$

これをq_Aで偏微分すると，企業Aの限界収入は，$MR_A = -2q_A + 900 - q_B$

これが限界費用$MC_A = q_A$と等しくなるので，

企業Aの反応関数は，$3q_A + q_B - 900 = 0$

同様にして，企業Bの反応関数は，$3q_B + q_A - 900 = 0$

したがって，両企業の反応関数より，$q_A = q_B = 225$

これを$p = 900 - q_A - q_B$に代入すると，$p = 450$

したがって，クールノー均衡における企業A，Bの生産量はともに225，価格は450である。

クールノー均衡（同質財）の計算(2)

　もし企業A，Bの限界費用が異なっていたらどうなるのだろうか。そこで，ある複占市場において，需要曲線が$D = 900 - p$，企業A，Bの限界費用が$MC_A = q_A$，$MC_B = 5q_B$であるとき，クールノー均衡における企業A，Bの生産量と価格を考える（図8-7）。需要曲線は先ほどの(1)と同じであることから，

企業Aの限界収入は，$MR_A = -2q_A + 900 - q_B$

これが限界費用$MC_A = q_A$と等しくなるので，

企業Aの反応関数は，$3q_A + q_B - 900 = 0$

同様にして，(1)より，企業Bの限界収入は，$MR_B = -2q_B + 900 - q_A$

これが限界費用$MC_B = -5q_B$と等しくなるので，

企業Bの反応関数は，$7q_B + q_A - 900 = 0$

したがって，両企業の反応関数より，$q_A = 270$，$q_B = 90$

これを$p = 900 - q_A - q_B$に代入すると，$p = 540$

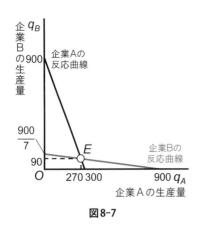

図8-7

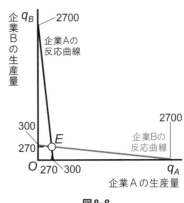

図8-8

したがって，クールノー均衡における企業Aの生産量は270，企業Bの生産量は90，価格は540である。企業Aよりも企業Bの生産量（シェア）が少なく，企業Aよりも限界費用が大きい企業Bにとって不利な結果となっていることが分かる。

クールノー競争のモデル（異質財）

では，同質財ではなく異質財の場合にはどうなるか。同じ市場において差別化された財を供給している場合，各企業に対する需要曲線は異なるものになる。しかし同じ市場で競争しているので，一方の企業の生産量が増加すると，他方の企業に対する需要が減少（需要曲線が左にシフト）することになる。

たとえば，企業Aにとっての需要曲線が，

$$D_A = 900 - p_A - \frac{q_B}{3}$$

であった場合，これは企業Bの生産量q_Bの$\frac{1}{3}$だけ企業Aに対する需要が減少する（奪われる）ことを意味する。したがって，企業Aに対する需要D_Aは企業Aの価格p_Aと他方の企業の生産量q_Bによって決まり，同じように企業Bに対する需要D_Bは企業Bの価格p_Bと他方の企業の生産量q_Aによって決まる。その際，各企業の生産量q_A，q_Bは各企業に対する需要量D_A，D_Bと等しくなければならない（売れなければならない）ので，$D_A = q_A$，$D_B = q_B$となっているはずである。したがって，価格p_Aを両企業の生産量q_A，q_Bで表すことができ，価格p_Bも両企業の生産量q_A，q_Bで表すことができる。

すると，各企業の利潤が最大となる条件（限界収入＝限界費用）によって，各企業の最適な生産量の決め方（反応関数）が判明する。両企業の反応関数から均衡点（クールノー均衡点）で生産量と価格が決まる。

クールノー均衡（異質財）の計算

たとえば，ある複占市場において，企業A，Bに対する需要が$D_A = 900 - p_A - \frac{q_B}{3}$，$D_B = 900 - p_B - \frac{q_A}{3}$，企業A，Bの限界費用が$MC_A = q_A$，$MC_B = q_B$であ

るとき，クールノー均衡における企業A，Bの生産量と価格を考える（図8-8）。まず，企業Aの生産量q_Aは，企業Aに対する需要量D_Aと等しくなければならない（売れなければならない）ので，

$$D_A = 900 - p_A - \frac{q_B}{3} \text{ かつ } D_A = q_A \text{ より, } p_A = 900 - q_A - \frac{q_B}{3}$$

企業Aの総収入をq_A，q_Bで表すと，

$$TR_A = p_A q_A = \left(900 - q_A - \frac{q_B}{3}\right) q_A = -q_A{}^2 + \left(900 - \frac{q_B}{3}\right) q_A$$

これをq_Aで偏微分すると，企業Aの限界収入は，$MR_A = -2q_A + 900 - \frac{q_B}{3}$

これが限界費用$MC_A = q_A$と等しくなるので，

企業Aの反応関数は，$9q_A + q_B - 2700 = 0$

同様にして，企業Bの反応関数は，$9q_B + q_A - 2700 = 0$

したがって，両企業の反応関数より，$q_A = q_B = 270$

これを$p_A = 900 - q_A - \frac{q_B}{3}$に代入すると，$p_A = 540$

同様にして，$p_B = 540$

したがって，クールノー均衡における企業A，Bの生産量はともに270，価格はともに540である。同質財の場合の(1)の計算結果と比べると，価格がより高く，両企業を合わせた生産量がより多くなっている。これは両企業の財が異なることによって一定の独占力（価格支配力）をもち，なおかつ，需要曲線についての仮定により，両企業から購入する消費者が存在するからである。

　以上のようにクールノー競争では，各社が競争相手の生産量を前提として，自社の利潤が最大になる生産量で生産しようとする。利潤が最大になる条件（限界費用＝限界収入）を計算すると，各企業の最適な一手の打ち方（反応関数）が

分かり，両社が最適となる場合が均衡点である。両企業の反応曲線の交点である均衡点では，相手の生産量をふまえて利潤が最大となる生産量を互いに選んでいる状況にあるため，他の条件が同じならば，各企業には生産量を変更する理由がない。変更すると利潤が少なくなるので，一旦成立した均衡点においては，互いの生産量が維持される。

3. シュタッケルベルク競争

シュタッケルベルク競争とは

次にシュタッケルベルク競争と呼ばれる競争の仕方を考える。シュタッケルベルク競争とは，先手を取った企業が他の企業の生産量の決め方を予想して，利潤最大化できる生産量を追求する競争である[38]。互いの生産量によって互いの生産量が決まり，なおかつ，先導者（リーダー）と後続者（フォロワー）がいるという戦略的状況である。その際，先導者（リーダー）となった企業は，他社の反応（生産量の決め方）を予想して自社の最適な反応（生産量）を考える必要がある。

シュタッケルベルク競争は，以下のようなステップで進む（図8-9）。まず先導者が後続者の生産量の決め方をあらかじめ把握，予想する。そのうえで先導者は利潤が最大となる生産量で生産を行う。すると，後続者も利潤が最大となる生産量で生産を行うはずであるが，これは先導者の予想通りである。先導者（リーダー）は，他社の最適な反応を織り込み済みなので，後続者（フォロワー）

図8-9

---

38) ハインリヒ・フォン・シュタッケルベルク著，大和瀬達二・上原一男訳 (1970)「市場形態と均衡」『寡占論集』至誠堂。

には生産量を変える余地（理由）がない。

シュタッケルベルク競争のモデル（同質財）

　同質財を供給している場合，市場全体の需要曲線（価格 p と需要量 D の関係式）がある。そのとき，各企業の生産量 q_A，q_B の合計は，市場全体の需要量 D と等しくなければならない（売れなければならない）ので，

$$D = q_A + q_B$$

である。したがって，価格 p と需要量 D の関係，需要量 D と生産量 q_A，q_B の関係から，価格 p を両企業の生産量 q_A，q_B で表すことができる。

　シュタッケルベルク競争では，まず後続者の利潤が最大となる条件（限界収入＝限界費用）を考える。それによって，後続者の最適な生産量の決め方（反応関数）が判明する。先導者が後続者の反応関数をふまえて利潤を最大化すると，図8-10のような均衡点 E（シュタッケルベルク均衡）で生産量と価格が決まる。これはクールノー均衡よりも右下に位置することから，先導者にとって有利な生産量となっていることが分かる。このように先導者が後続者の行動をふまえて利潤最大化すると，互いにとって最適な反応（生産量），ただし先導者にとって有利な生産量となる均衡点に達する。

シュタッケルベルク均衡（同質財）の計算(1)

　たとえば，ある複占市場において，需要曲線が $D = 900 - p$，企業A，Bの限界費用が $MC_A = q_A$，$MC_B = q_B$ であるとき，企業Aが先導するシュタッケルベルク均衡における企業A，Bの生産量と価格を考える（図8-11）。

　まず，各企業の生産量 q_A，q_B の合計は，市場全体の需要量 D と等しくなければならない（売れなければならない）ので，

$$D = 900 - p \ \text{かつ} \ D = q_A + q_B \ \text{より}, \ \ p = 900 - q_A - q_B$$

後続者である企業Bの総収入を q_A，q_B で表すと，

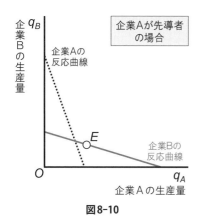

図8-10

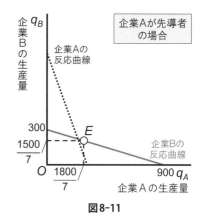

図8-11

$$TR_B = pq_B = (900 - q_A - q_B)q_B = -q_B{}^2 + (900 - q_A)q_B$$

これをq_Bで偏微分すると，企業Bの限界収入は，$MR_B = -2q_B + 900 - q_A$

これが限界費用$MC_B = q_B$と等しくなるので，企業Bの反応関数は，

$$3q_B + q_A - 900 = 0$$

$$q_B = 300 - \frac{q_A}{3}$$

この後続者である企業Bの反応関数をふまえて，先導者である企業Aの総収入をq_Aで表すと，

$$TR_A = pq_A = (900 - q_A - q_B)q_A = -q_A{}^2 + \left(900 - \left(300 - \frac{q_A}{3}\right)\right)q_A$$

$$= -\frac{2}{3}q_A{}^2 + 600q_A$$

これを微分すると，企業Aの限界収入は，$MR_A = -\frac{4}{3}q_A + 600$

これが限界費用$MC_A = q_A$と等しくなるので，$q_A = \frac{1800}{7}$

これを企業Bの反応関数に代入すると，$q_B = 300 - \frac{q_A}{3} = \frac{1500}{7}$

以上を$p = 900 - q_A - q_B$に代入すると,$p = \dfrac{3000}{7}$

したがって,シュタッケルベルク均衡における企業Aの生産量は$\dfrac{1800}{7}$,企業Bの生産量は$\dfrac{1500}{7}$,価格は$\dfrac{3000}{7}$である。企業Bよりも企業Aの生産量(シェア)が多く,先導者である企業Aに有利な結果となっていることが分かる。

シュタッケルベルク均衡 (同質財) の計算 (2)

　もし企業Aではなく企業Bが先導したらどうなるのだろうか。そこで,ある複占市場において,需要曲線が$D = 900 - p$,企業A,Bの限界費用が$MC_A = q_A$,$MC_B = q_B$であるとき,企業Bが先導するシュタッケルベルク均衡における企業A,Bの生産量と価格を考える(図8-12)。

　まず,各企業の生産量q_A,q_Bの合計は,市場全体の需要量Dと等しくなければならない(売れなければならない)ので,

$$D = 900 - p \ \text{かつ} \ D = q_A + q_B \ \text{より},\ p = 900 - q_A - q_B$$

後続者である企業Aの総収入をq_A,q_Bで表すと,

$$TR_A = p q_A = (900 - q_A - q_B)q_A = -q_A{}^2 + (900 - q_B)q_A$$

これをq_Aで偏微分すると,企業Aの限界収入は,

$$MR_A = -2q_A + 900 - q_B$$

これが限界費用$MC_A = q_A$と等しくなるので,企業Aの反応関数は,

$$3q_A + q_B - 900 = 0$$

$$q_A = 300 - \frac{q_B}{3}$$

この後続者である企業Aの反応関数をふまえて,先導者である企業Bの総収入をq_Bで表すと,

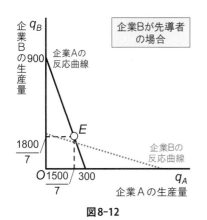

図8-12

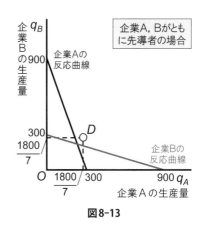

図8-13

$$TR_B = pq_B = (900 - q_A - q_B)q_B = -q_B{}^2 + \left(900 - \left(300 - \frac{q_B}{3}\right)\right)q_B$$

$$= -\frac{2}{3}q_B{}^2 + 600q_B$$

これを微分すると，企業Bの限界収入は，

$$MR_B = -\frac{4}{3}q_B + 600$$

これが限界費用$MC_B = q_B$と等しくなるので，$q_B = \dfrac{1800}{7}$

これを企業Aの反応関数に代入すると，$q_A = 300 - \dfrac{q_B}{3} = \dfrac{1500}{7}$

以上を$p = 900 - q_A - q_B$に代入すると，$p = \dfrac{3000}{7}$

したがって，シュタッケルベルク均衡における企業Aの生産量は$\dfrac{1500}{7}$，企業Bの生産量は$\dfrac{1800}{7}$，価格は$\dfrac{3000}{7}$である。企業Aよりも企業Bの生産量（シェア）が多く，先導者である企業Bに有利な結果となっていることが分かる。

シュタッケルベルク均衡（同質財）の計算(3)

　では，企業A，Bがともに先導者になろうとしたときはどうなるのだろうか。ある複占市場において，需要曲線が$D = 900 - p$，企業A，Bの限界費用がMC_A

$=q_A$，$MC_B = q_B$であるとき，企業A，Bがともに先導しようとするシュタッケルベルク競争の企業A，Bの生産量と価格を考える（図8-13）。

（1）の計算結果より，企業Aが先導者になろうとするとき，後続者である企業Bの反応関数をふまえて，先導者である企業Aの利潤が最大となるのは，$q_A = \dfrac{1800}{7}$のときである。（2）の計算結果より，企業Bが先導者になろうとするとき，後続者である企業Aの反応関数をふまえて，先導者である企業Bの利潤が最大となるのは，$q_B = \dfrac{1800}{7}$のときである。

したがって，企業A，Bがともに先導者になろうとするときには，$q_A = q_B = \dfrac{1800}{7}$を生産し，価格は，$p = 900 - q_A - q_B = \dfrac{2700}{7}$となるが，これはいずれの企業も利潤最大化を達成できない不均衡となる。不均衡を示す点D（$q_A = q_B = \dfrac{1800}{7}$の点）は企業Aの反応曲線からも企業Bの反応曲線からも外れているため，どちらの企業にとっても最適な戦略になっていない。

どちらの企業にとっても利潤最大化を達成するには生産量を変える必要があるが，相手の生産量（$\dfrac{1800}{7}$）を前提とした場合，自社の生産量を減らすことになる。もし企業Aが企業Bの生産量$q_B = \dfrac{1800}{7}$を前提に最適な反応をしようとすれば$q_A = 300 - \dfrac{q_B}{3} = \dfrac{1500}{7}$となり，もし企業Bが企業Aの生産量$q_A = \dfrac{1800}{7}$を前提に最適な反応をしようとすれば$q_B = 300 - \dfrac{q_A}{3} = \dfrac{1500}{7}$となるからである。どちらかの企業が先に折れれば，先に折れた企業の利潤が少なめになり，どちらも折れなければ両企業の利潤が少なめになる。

シュタッケルベルク競争のモデル（異質財）

では，同質財ではなく異質財の場合を考えよう。クールノー競争の異質財の場合と同様に，同じ市場において差別化された財を供給している場合，各企業に対する需要曲線は異なるものになる。しかし同じ市場で競争しているので，一方の企業の生産量が増加すると，他方の企業に対する需要が減少（需要曲線が左にシフト）することになる。

クールノー競争の場合と同じように，たとえば，企業Aにとっての需要曲線が，

$$D_A = 900 - p_A - \frac{q_B}{3}$$

であった場合，これは企業Bの生産量q_Bの$\frac{1}{3}$だけ企業Aに対する需要が減少する（奪われる）という関係にある。したがって，企業Aに対する需要D_Aは企業Aの価格p_Aと他方の企業の生産量q_Bによって決まり，同じように，企業Bに対する需要D_Bは企業Bの価格p_Bと企業Aの生産量q_Aによって決まる。その際，各企業の生産量q_A，q_Bは各企業に対する需要量D_A，D_Bと等しくなければならない（売れなければならない）ので，$D_A = q_A$，$D_B = q_B$となっているはずである。したがって，価格p_Aを生産量q_A，q_Bで表すことができ，価格p_Bも生産量q_A，q_Bで表すことができる。

　ここからがクールノー競争と違うところであるが，シュタッケルベルク競争の場合，まず後続者の利潤が最大となる条件（限界収入＝限界費用）を考える。それによって，後続者の最適な生産量の決め方（反応関数）が判明する。先導者が後続者の反応関数をふまえて利潤を最大化すると，均衡点で生産量と価格が決まる。

シュタッケルベルク均衡（異質財）の計算

　たとえば，ある複占市場において，企業A，Bに対する需要が$D_A = 900 - p_A - \frac{q_B}{3}$，$D_B = 900 - p_B - \frac{q_A}{3}$，企業A，Bの限界費用が$MC_A = 4q_A$，$MC_B = q_B$であるとき，企業Aが先導するシュタッケルベルク均衡における企業A，Bの生産量と価格を考える。まず，企業Aの生産量q_Aは，企業Aに対する需要量D_Aと等しくなければならない（売れなければならない）ので，

$$D_A = 900 - p_A - \frac{q_B}{3} \quad \text{かつ} \quad D_A = q_A \quad \text{より，} \quad p_A = 900 - q_A - \frac{q_B}{3}$$

同様に，企業Bの生産量q_Bは，企業Bに対する需要量D_Bと等しくなければならない（売れなければならない）ので，

$$D_B = 900 - p_B - \frac{q_A}{3} \quad \text{かつ} \quad D_B = q_B \quad \text{より，} \quad p_B = 900 - q_B - \frac{q_A}{3}$$

企業Bの総収入をq_A, q_Bで表すと,

$$TR_B = p_B q_B = \left(900 - q_B - \frac{q_A}{3}\right)q_B = -q_B{}^2 + \left(900 - \frac{q_A}{3}\right)q_B$$

これをq_Bで偏微分すると，企業Bの限界収入は,

$$MR_B = -2q_B + 900 - \frac{q_A}{3}$$

これが限界費用$MC_B = q_B$と等しくなるので，企業Bの反応関数は,

$$9q_B + q_A - 2700 = 0$$

$$q_B = 300 - \frac{q_A}{9}$$

この後続者である企業Bの反応関数をふまえて，先導者である企業Aの総収入をq_Aで表すと,

$$TR_A = p_A q_A = \left(900 - q_A - \frac{q_B}{3}\right)q_A = \left(900 - q_A - \left(100 - \frac{q_A}{27}\right)\right)q_A$$

$$= -\frac{26}{27}q_A{}^2 + 800q_A$$

これを微分すると，企業Aの限界収入は, $MR_A = -\frac{52}{27}q_A + 800$

これが限界費用$MC_A = 4q_A$と等しくなるので, $q_A = 135$

これを企業Bの反応関数に代入すると, $q_B = 300 - \frac{q_A}{9} = 285$

以上を$p_A = 900 - q_A - \frac{q_B}{3}$, $p_B = 900 - q_B - \frac{q_A}{3}$ に代入すると, $p_A = 670$, $p_B = 570$

したがって，シュタッケルベルク均衡における企業Aの生産量は135，価格は670，企業Bの生産量は285，価格は570である（図8-14）。シュタッケルベルク均衡においては，他の条件が同じならば，先導者である企業Aの方が有利となるはずであるが，企業Aの限界費用は企業Bの4倍であり，費用の面で不利である。そのため，企業Aよりも企業Bの生産量（シェア）が多くなっている。同質財の場合の(1)(2)の計算結果と比べて，両企業の価格がより高くなって

いるのは，両企業の財が異なることによって一定の独占力（価格支配力）を持つからである。

　以上のようにシュタッケルベルク競争では，他の条件が同じならば，先導者の企業の方が後続者の企業よりも生産量（シェア）が多くなり，同一の価格と費用の下では売上高と利潤も大きくなる。先導者となり得る企業が先導者となることを放棄する（シュタッケルベルク競争からクールノー競争に移行する）と利潤が減少してしまう。他方，後続者の企業はシュタッケルベルク競争において不利となるが，クールノー競争の場合と同じ反応関数にしたがってできる限りの利潤最大化を行っていることには変わりない。したがって，一旦成立した均衡においては，互いの生産量が維持される。

寡占（数量競争）における価格と生産量
　以上の計算結果を一覧にすると表8-1のようになっている。需要曲線と費用についての条件が同一の同質財の場合で比べてみると，寡占の数量競争においては，クールノー競争であってもシュタッケルベルク競争であっても，独占の場合に比べて価格がより低くなっていること，生産量は企業A，Bを合計すると独占の場合に比べて多くなっていることが確認できる。

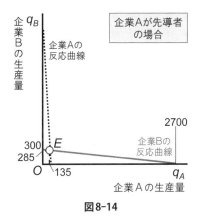

図8-14

表8-1

市場構造	財・戦略		需要曲線	限界費用	価格	生産量
独占	同質財		$D = 900 - p$	$MC = q$	$p = 600$	$q = 300$
寡占（数量競争）	クールノー競争	同質財	$D = 900 - p$	$MC_A = q_A$ $MC_B = q_B$	$p = 450$	$q_A = q_B = 225$
		同質財	$D = 900 - p$	$MC_A = q_A$ $MC_B = 5q_B$	$p = 540$	$q_A = 270$ $q_B = 90$
		異質財	$D_A = 900 - p_A - \dfrac{q_B}{3}$ $D_B = 900 - p_B - \dfrac{q_A}{3}$	$MC_A = q_A$ $MC_B = q_B$	$p_A = p_B = 540$	$q_A = q_B = 270$
	シュタッケルベルク競争	同質財 Aが先導	$D = 900 - p$	$MC_A = q_A$ $MC_B = q_B$	$p = \dfrac{3000}{7}$	$q_A = \dfrac{1800}{7}$, $q_B = \dfrac{1500}{7}$
		同質財 A・Bが先導	$D = 900 - p$	$MC_A = q_A$ $MC_B = q_B$	$p = \dfrac{2700}{7}$	$q_A = \dfrac{1800}{7}$, $q_B = \dfrac{1800}{7}$
		異質財 Aが先導	$D_A = 900 - p_A - \dfrac{q_B}{3}$ $D_B = 900 - p_B - \dfrac{q_A}{3}$	$MC_A = 4q_A$ $MC_B = q_B$	$p_A = 670$ $p_B = 570$	$q_A = 135$ $q_B = 285$

《計算問題》

・ある同質財の複占市場において，需要曲線が$D = 900 - p$，企業A，Bの限界費用が$MC_A = q_A$，$MC_B = q_B$であるとき，クールノー均衡における企業A，Bの生産量と価格を求めなさい。（ヒント：119ページ参照）

（答え：$q_A = q_B = 225$，$p = 450$）

・ある同質財の複占市場において，需要曲線が$D = 1000 - p$，企業A，Bの限界費用が$MC_A = 2q_A$，$MC_B = 2q_B$であるとき，クールノー均衡における企業A，Bの生産量と価格を求めなさい。（答え：$q_A = q_B = 200$，$p = 600$）

・ある同質財の複占市場において，需要曲線が$D = 900 - p$，企業A，Bの限界費用が$MC_A = q_A$，$MC_B = 5q_B$であるとき，クールノー均衡における企業A，Bの生産量と価格を求めなさい。（ヒント：120ページ参照）

（答え：$q_A = 270$，$q_B = 90$，$p = 540$）

・ある異質財の複占市場において，企業A，Bに対する需要が$D_A = 900 -$

$p_A - \dfrac{q_B}{3}$, $D_B = 900 - p_B - \dfrac{q_A}{3}$, 企業A，Bの限界費用が $MC_A = q_A$, $MC_B = q_B$ であるとき，クールノー均衡における企業A，Bの生産量と価格を求めなさい。（ヒント：121ページ参照）（答え：$q_A = q_B = 270$, $p_A = p_B = 540$）

- ある異質財の複占市場において，企業A，Bに対する需要が $D_A = 1000 - p_A - \dfrac{q_B}{6}$, $D_B = 1000 - p_B - \dfrac{q_A}{6}$, 企業A，Bの限界費用が $MC_A = 2q_A$, $MC_B = 2q_B$ であるとき，クールノー均衡における企業A，Bの生産量と価格を求めなさい。（答え：$q_A = q_B = 240$, $p_A = p_B = 720$）

- ある同質財の複占市場において，需要曲線が $D = 900 - p$，企業A，Bの限界費用が $MC_A = q_A$, $MC_B = q_B$ であるとき，企業Aが先導するシュタッケルベルク均衡における企業A，Bの生産量と価格を求めなさい。（ヒント：124ページ参照）（答え：$q_A = \dfrac{1800}{7}$, $q_B = \dfrac{1500}{7}$, $p = \dfrac{3000}{7}$）

- ある同質財の複占市場において，需要曲線が $D = 1000 - p$，企業A，Bの限界費用が $MC_A = 2q_A$, $MC_B = 2q_B$ であるとき，企業Aが先導するシュタッケルベルク均衡における企業A，Bの生産量と価格を求めなさい。（答え：$q_A = \dfrac{1500}{7}$, $q_B = \dfrac{1375}{7}$, $p = \dfrac{4125}{7}$）

- ある同質財の複占市場において，需要曲線が $D = 900 - p$，企業A，Bの限界費用が $MC_A = q_A$, $MC_B = q_B$ であるとき，企業A，Bがともに先導しようとするシュタッケルベルク競争の企業A，Bの生産量と価格を求めなさい。（ヒント：127ページ参照）（答え：$q_A = q_B = \dfrac{1800}{7}$, $p = \dfrac{2700}{7}$）

- ある異質財の複占市場において，企業A，Bに対する需要が $D_A = 900 - p_A - \dfrac{q_B}{3}$, $D_B = 900 - p_B - \dfrac{q_A}{3}$, 企業A，Bの限界費用が $MC_A = 4q_A$, $MC_B = q_B$ であるとき，企業Aが先導するシュタッケルベルク均衡における企業A，Bの生産量と価格を求めなさい。（ヒント：129ページ参照）（答え：$q_A = 135$, $q_B = 285$, $p_A = 670$, $p_B = 570$）

- ある異質財の複占市場において，企業A，Bに対する需要が $D_A = 1000 - p_A - \dfrac{q_B}{6}$, $D_B = 1000 - p_B - \dfrac{q_A}{6}$, 企業A，Bの限界費用が $MC_A = 6q_A$, $MC_B = 2q_B$ であるとき，企業Aが先導するシュタッケルベルク均衡における企業A，Bの生産量と価格を求めなさい。（答え：$q_A = 120$, $q_B = 245$, $p_A = \dfrac{5035}{6}$, $p_B = 735$）

第9章
寡占（価格競争）

1. ベルトラン競争

ベルトラン競争とは

　前章に引き続き，寡占市場について考える。まずはベルトラン競争という競争の仕方である。ベルトラン競争とは，各企業が他の企業の価格を所与（与えられたもの）として，利潤最大化できる価格を追求する競争である。[39] 互いの価格によって互いの価格が決まるという戦略的状況である。そのとき，企業が利潤最大化をするには，他社のさまざまな価格に対する自社の最適な反応（価格）を考える必要がある。

　ベルトラン競争は，以下のようなステップで進む（図9-1）。まず他社の価格

Joseph Louis François Bertrand
(1822-1900)

を把握する。そして，その他社の価格を前提として自社の利潤が最大となる価格で生産を行う。すると，他社も自社の価格に反応し，他社の価格が変わるかもしれない。もし他社の価格が変われば，それに反応して自社の価格をさらに変えることになるが，他社の反応の仕方（価格の決め方）までは事前に把握することができていない，予想できていないと考える（予想できる場合は，次節の価格のシュタッケルベルク競争となる）。

---

39) Bertrand, J. (1883), "Review of Walras's Théorie mathématique de la richesse sociale and Cournot's Recherches sur les principes mathématiques de la théorie des richesses," In A. F. Daughety (ed.) (1989), *Cournot Oligopoly: Characterization and Applications*, Cambridge University Press, pp. 73-81.

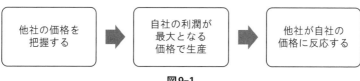

図9-1

ベルトラン競争のモデル（同質財）

　同質財を供給している場合，市場全体の需要曲線（価格 p と需要量 D の関係式）がある。通常，同一の財には同一の価格しかつかないが，もし各企業がまったく同一の財を異なる価格 p_A，p_B で供給していたら，消費者は安い方から購入するはずである。

　したがって，企業Aの価格が企業Bの価格より低いとき（$p_A < p_B$），企業Aがすべての需要を得て独占状態になり（$q_A = D$），企業Bは生産量（シェア）がゼロとなる（$q_B = 0$）。逆に，企業Aの価格が企業Bの価格より高いとき（$p_A > p_B$），企業Bがすべての需要を得て独占状態になり（$q_B = D$），企業Aは生産量がゼロとなる（$q_A = 0$）。そして，企業Aの価格と企業Bの価格が同じとき（$p_A = p_B$），他の条件が同じならば，企業A，Bが市場全体の需要を半分ずつ分け合う複占の状態となる $\left(q_A = q_B = \dfrac{D}{2} \right)$。

　この場合の各企業の最適な反応は，自社の利潤が増える限りにおいて，他社より少しでも低い価格を付けることになる。両企業がより低い価格を付けようとしなくなった点で均衡し（ベルトラン均衡），価格と生産量が決まる。

ベルトラン均衡（同質財）の計算

　たとえば，ある複占市場において，需要曲線が $D = 900 - p$，企業A，Bの総費用が $TC_A = \dfrac{q_A^2}{2}$，$TC_B = \dfrac{q_B^2}{2}$ であるとき，ベルトラン均衡における企業A，Bの価格と生産量を考える。先ほどの考えにしたがって，企業Aと企業Bの価格の大小関係により場合分けを行う。

(a) $p_A < p_B$ のとき，企業Aの独占状態となり，企業Bは生産量（シェア）がゼ

ロとなるので,

$$q_A = D = 900 - p_A, \quad q_B = 0$$

したがって，企業Aの総収入を企業Aの価格p_Aで表すと，

$$TR_A = p_A q_A = p_A(900 - p_A) = -p_A{}^2 + 900p_A$$

利潤をp_Aで表すと，それがゼロ以上になる条件（企業Aが退出しない条件）は，

$$\pi_A = TR_A - TC_A = -p_A{}^2 + 900p_A - \frac{1}{2}(900 - p_A)^2 \geqq 0$$

$$-\frac{3}{2}p_A{}^2 + 1800p_A - 405000 \geqq 0$$

$$p_A{}^2 - 1200p_A + 270000 \leqq 0$$

$$(p_A - 300)(p_A - 900) \leqq 0$$

$$300 \leqq p_A \leqq 900$$

逆に$p_B < p_A$のときは，企業Bについて同様に考えると，$300 \leqq p_B \leqq 900$

(b) $p_A = p_B$のときは，企業A，Bが市場全体の需要を半分ずつ分け合う複占の状態となるので，

$$q_A = \frac{D}{2} = \frac{900 - p_A}{2}, \quad q_B = \frac{D}{2} = \frac{900 - p_B}{2}$$

したがって，企業Aの総収入を企業Aの価格p_Aで表すと，

$$TR_A = p_A q_A = p_A\left(\frac{900 - p_A}{2}\right) = -\frac{p_A{}^2}{2} + 450p_A$$

利潤をp_Aで表すと，それがゼロ以上になる条件（企業Aが退出しない条件）は，

$$\pi_A = TR_A - TC_A = -\frac{p_A{}^2}{2} + 450p_A - \frac{1}{2}\left(\frac{900 - p_A}{2}\right)^2 \geqq 0$$

$$-\frac{5}{8}{p_A}^2 + 675p_A - 101250 \geqq 0$$

$$5{p_A}^2 - 5400p_A + 810000 \leqq 0$$

$$(5p_A - 900)(p_A - 900) \leqq 0$$

$$180 \leqq p_A \leqq 900$$

いま $p_A = p_B$ であるので，企業Bについても同様に考えると，$180 \leqq p_B \leqq 900$

(c) また，企業Aについて，(a) の独占の場合の利潤が (b) の複占の場合の利潤よりも大きくなる条件は，

$$-\frac{3}{2}{p_A}^2 + 1800p_A - 405000 > -\frac{5}{8}{p_A}^2 + 675p_A - 101250$$

$$7{p_A}^2 - 9000p_A + 2430000 < 0$$

$$(7p_A - 2700)(p_A - 900) < 0$$

$$\frac{2700}{7} < p_A < 900$$

企業Bについても同様に考えると，$\dfrac{2700}{7} < p_B < 900$

以上の (a) ～ (c) より，各企業は $180 \leqq p \leqq \dfrac{2700}{7}$ のときには複占を選び，$\dfrac{2700}{7} < p < 900$ のときには独占を選ぶ。しかし，一方の企業が独占のときには他方の企業（生産量がゼロ）も独占を奪取しようと価格を下げるため，均衡が成立し得るのは複占のときであり，

$$180 \leqq p_A = p_B \leqq \frac{2700}{7} \quad （特に p_A = p_B = \frac{2700}{7} のとき利潤最大）$$

$$q_A = \frac{900 - p_A}{2}, \quad q_B = \frac{900 - p_B}{2}$$

このとき，各企業は価格を下げて独占しようとすると利潤が減るので，両企業が市場全体の需要を半分ずつ分け合う複占の状態が続く。

ベルトラン競争のモデル（異質財）

　では，同質財ではなく異質財の場合にはどうなるか。同じ市場において差別化された財を供給している場合，各企業に対する需要曲線は異なるものになる。しかし同じ市場で競争しているので，一方の企業の生産量が増加すると，他方の企業に対する需要が減少（需要曲線が左にシフト）することになる。

　たとえば，企業Aの需要曲線が，

$$D_A = 900 - p_A - \frac{q_B}{2}$$

であった場合，これは企業Bの生産量 q_B の $\frac{1}{2}$ だけ企業Aに対する需要が減少する（奪われる）ことを意味する。企業Aに対する需要 D_A は，その企業の価格 p_A と他方の企業の生産量 q_B によって決まり，同じように企業Bに対する需要 D_B は企業Bの価格 p_B と他方の企業の生産量 q_A によって決まる。その際，各企業の生産量 q_A, q_B は各企業に対する需要量 D_A, D_B と等しくなければならない（売れなければならない）ので，$D_A = q_A$, $D_B = q_B$ となっているはずである。したがって，生産量 q_A を両企業の価格 p_A, p_B で表すことができ，生産量 q_B も両企業の価格 p_A, p_B で表すことができる。

　すると，各企業の利潤が最大となる条件（限界収入＝限界費用）によって，各企業の最適な価格の決め方（反応関数）が判明する。両企業の反応関数から均衡点（ベルトラン均衡）で価格と生産量が決まる。

ベルトラン均衡（異質財）の計算

　たとえば，ある複占市場において，企業A，Bに対する需要が $D_A = 900 - p_A - \frac{q_B}{2}$, $D_B = 900 - p_B - \frac{q_A}{2}$, 企業A，Bの総費用が $TC_A = 18q_A$, $TC_B = 18q_B$ であるとき，ベルトラン均衡における企業A，Bの価格と生産量を考える。まず，企業Aの生産量 q_A は，企業Aに対する需要量 D_A と等しくなければならない（売れなければならない）ので，

$$D_A = 900 - p_A - \frac{q_B}{2} \text{ かつ } D_A = q_A \text{ より, } q_A = 900 - p_A - \frac{q_B}{2}$$

同様に，$D_B = 900 - p_B - \dfrac{q_A}{2}$ かつ $D_B = q_B$ より，$q_B = 900 - p_B - \dfrac{q_A}{2}$

したがって，q_A を p_A，p_B で表すと，$q_A = 600 - \dfrac{4}{3}p_A + \dfrac{2}{3}p_B$

企業Aの総収入を p_A，p_B で表すと，

$$TR_A = p_A q_A = p_A \left(600 - \dfrac{4}{3}p_A + \dfrac{2}{3}p_B\right) = -\dfrac{4}{3}p_A{}^2 + \left(600 + \dfrac{2}{3}p_B\right)p_A$$

これを p_A で偏微分すると，企業Aの限界収入は，$MR_A = -\dfrac{8}{3}p_A + 600 + \dfrac{2}{3}p_B$

企業Aの総費用を p_A，p_B で表すと，$TC_A = 18q_A = 10800 - 24p_A + 12p_B$

これを p_A で偏微分すると，企業Aの限界費用は，$MC_A = -24$

企業Aが利潤最大化するとき，限界収入と限界費用が等しくなるので，企業Aの反応関数は，

$4p_A - p_B - 936 = 0$

同様に，企業Bが利潤最大化するとき，企業Bの反応関数は，

$4p_B - p_A - 936 = 0$

したがって，企業A，Bの反応関数より，$p_A = p_B = 312$

これを $q_A = 600 - \dfrac{4}{3}p_A + \dfrac{2}{3}p_B$，$q_B = 900 - p_B - \dfrac{q_A}{2}$ に代入すると，$q_A = q_B = 392$

したがって，ベルトラン均衡における企業A，Bの価格はともに312，生産量はともに392である（図9-2）。

　以上のようにベルトラン競争では，各社が競争相手の価格を前提として，自社の利潤が最大になる価格で生産しようとする。利潤が最大になる条件（限界費用＝限界収入）を計算すると，各企業の最適な一手の打ち方（反応関数）が分かり，両者が最適となる場合が均衡点である。両企業の反応曲線の交点である

均衡点では，相手の価格をふまえて利潤が最大となる価格を互いに選んでいる状況にあるため，他の条件が同じならば，各企業には価格を変更する理由がない。変更すると利潤が少なくなるので，一旦成立した均衡点においては，互いの価格が維持される。

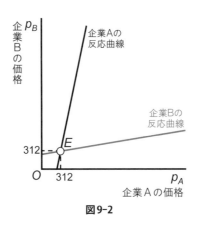

図9-2

2. 価格のシュタッケルベルク競争

価格のシュタッケルベルク競争とは

　次に価格のシュタッケルベルク競争と呼ばれる競争の仕方を考える。価格のシュタッケルベルク競争とは，先手を取った企業が他の企業の価格の決め方を予想して，利潤最大化できる価格を追求する競争である。互いの価格によって互いの価格が決まり，なおかつ，先導者（リーダー）と後続者（フォロワー）がいるという戦略的状況である。その際，先導者（リーダー）となった企業は，他社の反応（価格の決め方）を予想して自社の最適な反応（価格）を考える必要がある。

　価格のシュタッケルベルク競争は，以下のようなステップで進む（図9-3）。まず先導者が後続者の価格の決め方をあらかじめ把握，予想する。そのうえで先導者は利潤が最大となる価格で生産を行う。すると，後続者も利潤が最大と

なる価格で生産を行うはずであるが，これは先導者の予想通りである。先導者（リーダー）は，他社の最適な反応を織り込み済みなので，後続者（フォロワー）には価格を変える余地（理由）がない。

図9-3

価格のシュタッケルベルク競争のモデル（同質財）

　同質財を供給している場合，市場全体の需要曲線（価格pと需要量Dの関係式）がある。通常，同一の財には同一の価格しかつかないが，もし各企業がまったく同一の財を異なる価格p_A，p_Bで供給していたら，消費者は安い方から購入するはずである。ベルトラン競争のときと同じように場合分けをして考えていくが，その際，企業Aを先導者（リーダー），企業Bを後続者（フォロワー）として，後続者の動きを先に考える。

　企業Aの価格が企業Bの価格よりも低いとき（$p_A < p_B$），企業Aの独占状態になり（$q_A = D$），企業Bの生産量（シェア）はゼロになる（$q_B = 0$）。この場合，企業Bは自社の利潤が増えるのであれば，より低い価格を付けて独占状態を目指そうとするはずである。逆に，企業Aの価格が企業Bの価格より高いとき（$p_A > p_B$），企業Bの独占状態になり（$q_B = D$），企業Aの生産量はゼロになる（$q_A = 0$）。この場合，企業Bは現状を維持しようとするはずである。そして，企業A，Bの価格が同じとき（$p_A = p_B$），他の条件が同じならば，企業A，Bが市場全体の需要を半分ずつ分け合う複占の状態となる（$q_A = \dfrac{D}{2}$，$q_B = \dfrac{D}{2}$）。この場合，企業Bは自社の利潤が増えるのであれば，より低い価格を付けて独占状態を目指そうとするはずである。

　以上の後続者の動きをもとに後続者の利潤を計算すると，後続者の最適な価格の決め方（反応関数）が分かる。そして，先導者が後続者の反応をふまえて

利潤を最大化すると，均衡点（価格のシュタッケルベルク均衡）の価格と生産量が決まる。

価格のシュタッケルベルク均衡（同質財）の計算

たとえば，ある複占市場において，需要曲線が $D = 900 - p$，企業A，Bの総費用が $TC_A = \dfrac{q_A{}^2}{2}$，$TC_B = \dfrac{q_B{}^2}{2}$ であるとき，企業Aが先導して価格を競争した場合のシュタッケルベルク均衡における企業A，Bの価格と生産量を考える。

ベルトラン均衡（同質財）の計算結果より，後続者である企業Bは $180 \leqq p_B \leqq \dfrac{2700}{7}$ のときには複占を目指し，$\dfrac{2700}{7} < p_B < 900$ のときには独占を目指す。先導者である企業Aは価格引き下げ競争となる $\dfrac{2700}{7} < p_A < 900$ を避けて，$180 \leqq p_A \leqq \dfrac{2700}{7} = 385.71\cdots$ の区間で利潤が最大となる複占を目指す。

複占のとき，企業Aの利潤は，

$$\pi_A = -\frac{5}{8} p_A{}^2 + 675 p_A - 101250 = -\frac{5}{8}(p_A - 540)^2 + 81000$$

であるので，$180 \leqq p_A \leqq \dfrac{2700}{7}$ の区間で企業Aの利潤が最大となる価格は，

$$p_A = p_B = \frac{2700}{7}$$

複占のとき，$q_A = q_B = \dfrac{D}{2} = \dfrac{1}{2}(900 - p)$ より，

$$q_A = q_B = \frac{D}{2} = \frac{1}{2}\left(900 - \frac{2700}{7}\right) = \frac{1800}{7}$$

したがって，価格のシュタッケルベルク均衡における企業A，Bの価格はともに $\dfrac{2700}{7}$，生産量はともに $\dfrac{1800}{7}$ である。

価格のシュタッケルベルク競争のモデル（異質財）

では，同質財ではなく異質財の場合を考えよう。同じ市場において差別化された財を供給している場合，各企業に対する需要曲線は異なるものになる。しかし同じ市場で競争しているので，一方の企業の生産量が増加すると，他方の企業に対する需要が減少（需要曲線が左にシフト）することになる。

ベルトラン競争の場合と同じように，たとえば，企業Ａの需要曲線が，

$$D_A = 900 - p_A - \frac{q_B}{2}$$

であった場合，これは企業Ｂの生産量q_Bの$\frac{1}{2}$だけ企業Ａに対する需要が減少する（奪われる）という関係にある。したがって，企業Ａに対する需要D_Aは企業Ａの価格p_Aと他方の企業の生産量q_Bによって決まり，同じように，企業Ｂに対する需要D_Bは企業Ｂの価格p_Bと他方の企業の生産量q_Aによって決まる。その際，各企業の生産量q_A，q_Bは，各企業に対する需要量D_A，D_Bと等しくなければならない（売れなければならない）ので，$D_A = q_A$，$D_B = q_B$となっているはずである。したがって，生産量q_Aを価格p_A，p_Bで表すことができ，生産量q_Bも価格p_A，p_Bで表すことができる。

　ここからがベルトラン競争と違うところであるが，価格のシュタッケルベルク競争の場合，まず後続者の利潤が最大となる条件（限界収入＝限界費用）を考える。それによって，後続者の最適な価格の決め方（反応関数）が判明する。先導者が後続者の反応関数をふまえて利潤を最大化すると，均衡点（価格のシュタッケルベルク均衡）で価格と生産量が決まる。

価格のシュタッケルベルク均衡（異質財）の計算

　たとえば，ある複占市場において，企業Ａ，Ｂに対する需要が$D_A = 900 - p_A - \frac{q_B}{2}$，$D_B = 900 - p_B - \frac{q_A}{2}$，企業Ａ，Ｂの総費用が$TC_A = 18q_A$，$TC_B = 18q_B$であるとき，企業Ａが先導して価格を競争した場合のシュタッケルベルク均衡における企業Ａ，Ｂの価格と生産量を考える。まず，企業Ａの生産量q_Aは，企業Ａに対する需要量D_Aと等しくなければならない（売れなければならない）ので，

$$D_A = 900 - p_A - \frac{q_B}{2} \text{ かつ } D_A = q_A \text{ より，} q_A = 900 - p_A - \frac{q_B}{2}$$

同様に，$D_B = 900 - p_B - \frac{q_A}{2}$ かつ $D_B = q_B$ より，$q_B = 900 - p_B - \frac{q_A}{2}$

したがって，q_A，q_Bをp_A，p_Bで表すと，

$$q_A = 600 - \frac{4}{3}p_A + \frac{2}{3}p_B$$

$$q_B = 600 - \frac{4}{3}p_B + \frac{2}{3}p_A$$

企業Bの総収入を p_A, p_B で表すと,

$$TR_B = p_B q_B = p_B\left(600 - \frac{4}{3}p_B + \frac{2}{3}p_A\right) = -\frac{4}{3}p_B{}^2 + \left(600 + \frac{2}{3}p_A\right)p_B$$

これを p_B で偏微分すると, 企業Bの限界収入は, $MR_B = -\frac{8}{3}p_B + 600 + \frac{2}{3}p_A$

企業Bの総費用を p_A, p_B で表すと, $TC_B = 18q_B = 10800 - 24p_B + 12p_A$

これを p_B で偏微分すると, 企業Bの限界費用は, $MC_B = -24$

企業Bが利潤最大化するとき, 限界収入と限界費用が等しくなるので, 企業Bの反応関数は,

$$4p_B - p_A - 936 = 0$$

$$p_B = \frac{p_A + 936}{4}$$

先導者である企業Aの総収入を p_A で表すと,

$$TR_A = p_A q_A = p_A\left(600 - \frac{4}{3}p_A + \frac{2}{3}\left(\frac{p_A + 936}{4}\right)\right) = p_A\left(756 - \frac{7}{6}p_A\right)$$

これを微分すると, 企業Aの限界収入は, $MR_A = -\frac{7}{3}p_A + 756$

企業Aの総費用は,

$$TC_A = 18q_A = 10800 - 24p_A + 12\left(\frac{p_A + 936}{4}\right) = 13608 - 21p_A$$

これを微分すると, 企業Aの限界費用は, $MC_A = -21$

企業Aが利潤最大化するとき, 限界収入と限界費用が等しくなるので,

$$p_A = \frac{2331}{7} = 333$$

これを $p_B = \dfrac{p_A + 936}{4}$ に代入すると，$p_B = \dfrac{1269}{4} = 317.25$

以上を $q_A = 600 - \dfrac{4}{3}p_A + \dfrac{2}{3}p_B$ に代入すると，$q_A = \dfrac{735}{2} = 367.5$

これを $q_B = 900 - p_B - \dfrac{q_A}{2}$ に代入すると，$q_B = 399$

したがって，価格のシュタッケルベルク均衡における企業Aの価格は333，企業Bの価格は317.25，企業Aの生産量は367.5，企業Bの生産量は399である（図9-4）。企業Aよりも企業Bの価格が低く，後続者である企業Bに有利な結果となっていることが分かる。

　以上のように価格のシュタッケルベルク均衡では，他の条件が同じならば，後続者の企業の方が先導者の企業よりも価格が低くなり，同一の費用の下では売上高と利潤も大きくなる。

寡占（価格競争）における価格と生産量

　以上の計算結果を一覧にすると表9-1のようになっている。需要曲線と費用についての条件が同一の同質財の場合で比べてみると，寡占の価格競争においては，ベルトラン競争であってもシュタッケルベルク競争であっても，独占の

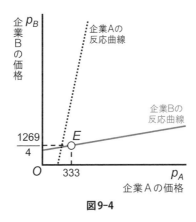

図9-4

場合に比べて価格がより低くなっていること，生産量は企業A，Bを合計すると独占の場合に比べて多くなっていることが確認できる。

表9-1

市場構造	財・戦略	需要曲線	限界費用	価格	生産量
独占	同質財	$D=900-p$	$MC=q$	$p=600$	$q=300$
寡占（価格競争）	ベルトラン競争	同質財	$D=900-p$	$MC_A=q_A$ $MC_B=q_B$	$p=p_A=p_B,$ $180\leqq p\leqq\dfrac{2700}{7}$	$q_A=q_B=\dfrac{900-p}{2}$
		異質財	$D_A=900-p_A-\dfrac{q_B}{2}$ $D_B=900-p_B-\dfrac{q_A}{2}$	$MC_A=18$ $MC_B=18$	$p_A=p_B=312$	$q_A=q_B=392$
	シュタッケルベルク競争	同質財	$D=900-p$	$MC_A=q_A$ $MC_B=q_B$	$p_A=p_B=\dfrac{2700}{7}$	$q_A=q_B=\dfrac{1800}{7}$
		異質財 Aが先導	$D_A=900-p_A-\dfrac{q_B}{2}$ $D_B=900-p_B-\dfrac{q_A}{2}$	$MC_A=18$ $MC_B=18$	$p_A=333$ $p_B=317.25$	$q_A=367.5$ $q_B=399$

《計算問題》

・ある同質財の複占市場において，需要曲線が $D=900-p$，企業A，Bの総費用が $TC_A=\dfrac{q_A{}^2}{2}$，$TC_B=\dfrac{q_B{}^2}{2}$ であるとき，ベルトラン均衡における企業A，Bの価格と生産量を求めなさい。（ヒント：135ページ参照）

$$（答え：180\leqq p_A=p_B\leqq\frac{2700}{7},\quad q_A=\frac{900-p_A}{2},\quad q_B=\frac{900-p_B}{2}）$$

・ある同質財の複占市場において，需要曲線が $D=1000-p$，企業A，Bの総費用が $TC_A=q_A{}^2$，$TC_B=q_B{}^2$ であるとき，ベルトラン均衡における企業A，Bの価格と生産量を求めなさい。

$$（答え：\frac{1000}{3}\leqq p_A=p_B\leqq 600,\quad q_A=\frac{1000-p_A}{2},\quad q_B=\frac{1000-p_B}{2}）$$

・ある異質財の複占市場において，企業A，Bに対する需要が $D_A=900-p_A-\dfrac{q_B}{2}$，$D_B=900-p_B-\dfrac{q_A}{2}$，企業A，Bの総費用が $TC_A=18q_A$，$TC_B=18q_B$ であるとき，ベルトラン均衡における企業A，Bの価格と生産量を求めなさい。（ヒント：138ページ参照）

（答え：$p_A = p_B = 312$，$q_A = q_B = 392$）

・ある異質財の複占市場において，企業A，Bに対する需要が$D_A = 1000 - p_A - \dfrac{q_B}{3}$，$D_B = 1000 - p_B - \dfrac{q_A}{3}$，企業A，Bの総費用が$TC_A = 40q_A$，$TC_B = 40q_B$であるとき，ベルトラン均衡における企業A，Bの価格と生産量を求めなさい。

（答え：$p_A = p_B = 424$，$q_A = q_B = 432$）

・ある同質財の複占市場において，需要曲線が$D = 900 - p$，企業A，Bの総費用が$TC_A = \dfrac{q_A^2}{2}$，$TC_B = \dfrac{q_B^2}{2}$であるとき，企業Aが先導して価格を競争した場合のシュタッケルベルク均衡における企業A，Bの価格と生産量を求めなさい。（ヒント：142ページ参照）

（答え：$p_A = p_B = \dfrac{2700}{7}$，$q_A = q_B = \dfrac{1800}{7}$）

・ある同質財の複占市場において，需要曲線が$D = 1000 - p$，企業A，Bの総費用が$TC_A = q_A{}^2$，$TC_B = q_B{}^2$であるとき，企業Aが先導して価格を競争した場合のシュタッケルベルク均衡における企業A，Bの価格と生産量を求めなさい。

（答え：$p_A = p_B = 600$，$q_A = q_B = 200$）

・ある異質財の複占市場において，企業A，Bに対する需要が$D_A = 900 - p_A - \dfrac{q_B}{2}$，$D_B = 900 - p_B - \dfrac{q_A}{2}$，企業A，Bの総費用が$TC_A = 18q_A$，$TC_B = 18q_B$であるとき，企業Aが先導して価格を競争した場合のシュタッケルベルク均衡における企業A，Bの価格と生産量を求めなさい。（ヒント：143ページ参照）

（答え：$p_A = 333$，$q_A = \dfrac{735}{2}$，$p_B = \dfrac{1269}{4}$，$q_B = 399$）

・ある異質財の複占市場において，企業A，Bに対する需要が$D_A = 1000 - p_A - \dfrac{q_B}{3}$，$D_B = 1000 - p_B - \dfrac{q_A}{3}$，企業A，Bの総費用が$TC_A = 14q_A$，$TC_B = 14q_B$であるとき，企業Aが先導して価格を競争した場合のシュタッケルベルク均衡における企業A，Bの価格と生産量を求めなさい。

（答え：$p_A = 420$，$q_A = \dfrac{3451}{8}$，$p_B = \dfrac{1231}{3}$，$q_B = \dfrac{3567}{8}$）

第10章

価格戦略

1. 屈折需要曲線

価格弾力性の異なる需要曲線

　前章に引き続き寡占市場について考えるが，ここで需要の価格弾力性について振り返っておきたい。第2章で述べたように，需要曲線を考える際にはその傾きに注目する。需要曲線は通常右下がりなので，価格が下がったときに売れるようになるのは普遍的な法則であるが，同じくらい価格が下がったとき，需要量が大きく伸びる場合とそうでない場合がある。需要量が大きく伸びる場合を需要の価格弾力性が大きいと言い，需要量があまり伸びない場合を需要の価格弾力性が小さいと言った。以下では計算を簡略化するために，曲線ではなく直線の需要曲線で考えていく。

　図10-1は，傾きが緩やかな需要曲線と傾きが急な需要曲線，言い換えれば，需要の価格弾力性が大きい需要曲線と需要の価格弾力性が小さい需要曲線を示している。前章まで見てきたように，需要曲線が分かれば価格がいくらのときにいくつ売れるか数量が分かる。価格と数量が分かれば総収入が分かり，総収入を微分すると限界収入が分かる。このような計算を経ていくので，特に需要曲線が直線のときには，限界収入曲線は傾きが倍のより急な直線となる（この点は後で計算過程を見ると確認できる）。

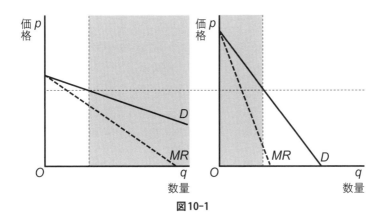

図10-1

　以上のように傾き，需要の価格弾力性が異なる2種類の需要曲線を考えるのではなく，次のような作業をしよう。適当な価格の高さで水平に点線を引き，需要曲線と交わったところでそれぞれ垂直な点線を引く。そして，灰色で示した部分を切り取って残った白い部分で2つのグラフを貼り合わせると，図10-2のようになる。これが本節で考えていく屈折需要曲線である。

屈折需要曲線とは

　屈折需要曲線は，ある数量を超えたところで需要曲線の傾き，つまり，需要の価格弾力性が変化する需要曲線であり，寡占企業が直面する需要曲線である。[40]図10-2のように需要曲線に屈折点があると，屈折点の前後で需要の増減のしやすさが変わることになる。

　価格を屈折点のp^*から引き上げたとき，需要曲線上を少し上に進んだだけで左に進みやすい，つまり，少し価格を引き上げただけで横軸の数量が減りやすくなっている。これはこの企業が価格を引き上げたとき，他の企業が価格引き上げに追随してこないからである。他の企業は価格を維持してシェアを拡大

---

40) 屈折需要曲線はスウィージーによって考案された。Sweezy, P. M. (1939), "Demand Under Conditions of Oligopoly," *Journal of Political Economy*, vol. 47, No.4, pp. 568-573.

しようとするので，価格を引き上げた企業の需要はなおさら減りやすくなる。

　他方，価格を屈折点のp^*から引き下げたとき，需要曲線上を少し下に進んだだけでは右に進みにくい，つまり，少し価格を引き下げただけでは横軸の数量が増えにくくなっている。これはこの企業が価格を引き下げたとき，他の企業も価格引き下げに追随してくるからである。他の企業は価格を引き下げてシェアを失わないようにしようとするので，価格を引き下げた企業の需要は増えにくくなる。

　このように屈折需要曲線は，屈折点の前後で需要の増減のしやすさが変わることを表現している。そして，図10-1の2つのグラフから限界収入曲線も書き写すと，屈折需要曲線の限界収入曲線は途切れた形，不連続になる（図10-2）。限界収入が分かれば，限界収入＝限界費用の点で利潤最大化ができるが，このように限界収入曲線が途切れているので，この不連続な点においてどうなるかを考える必要がある。

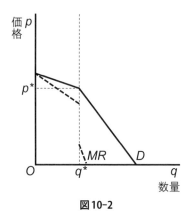

図10-2

　図10-3では先ほどの不連続な2点を区別するために点A，点Bとしてある。限界収入の大きさは需要曲線によって決まっているので，あとは限界費用の大きさ，言い換えれば，限界費用曲線の位置によって利潤が決まる。

　場合分けして考えていくと，まず，限界費用曲線が点Aよりも上，MC_1の位置にあるとき，上方の限界収入曲線と限界費用曲線MC_1の交点で利潤が最

大となるはずである。不連続な点の数量q^*においては，点Aよりも限界費用曲線が上にあることから，限界費用が限界収入よりも大きくなっている（限界費用＞限界収入）。この場合は追加の生産をすると利潤が減っていくので，この企業は利潤が減らないように供給量を減らすべきである。

　逆に，限界費用曲線が点Bよりも下，MC_3の位置にあるとき，下方の限界収入曲線と限界費用曲線MC_3の交点で利潤が最大となるはずである。不連続な点の数量q^*においては，点Bよりも限界費用曲線が下にあることから，限界費用が限界収入よりも小さくなっている（限界費用＜限界収入）。この場合は追加の生産をすると利潤が増えていくので，この企業は利潤が増えるように供給量を増やすべきである。

　そして，限界費用曲線が点Aと点Bの間，MC_2の位置にあるとき，いずれの限界収入曲線も限界費用曲線MC_2と交わっていない。したがって，不連続な点の数量q^*においては，限界費用が限界収入より大きい場合（限界費用＞限界収入）でも，限界費用が限界収入より小さい場合（限界費用＜限界収入）でもない。つまり，利潤が減らないように供給量を減らすべきでもないし，利潤が増えるように供給量を増やすべきでもないので，q^*で利潤が最大になっていると考える。限界費用曲線が点Aと点Bの間を通る限り，この寡占企業の生産量はq^*であり，そのときの価格は需要曲線によりp^*と決まる。これは，寡占市

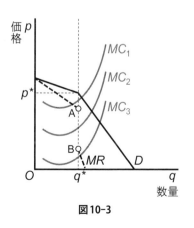

図10-3

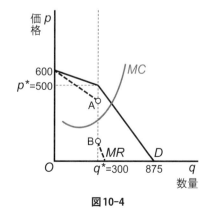

図10-4

場において，生産の費用（限界費用曲線）が多少変化しても市場の価格が変化しづらいということを示している。

たとえば，ある寡占市場において，ある企業の需要曲線が，価格引き上げ時には $q=1800-3p$，価格引き下げ時には $q=700-\dfrac{4}{5}p$ であるとき（図10-4），この企業にとって需要曲線の屈折点における数量を供給するのが最適となる，限界費用の範囲を考える。

2つの需要曲線の式から，屈折点の価格と数量は，$p^*=500$，$q^*=300$ であるので，屈折点の数量の前後で場合分けして考えると，

(a) $q \le 300$ のとき，$q=1800-3p$ より，$p=600-\dfrac{q}{3}$

したがって，総収入は，$TR=pq=\left(600-\dfrac{q}{3}\right)q=-\dfrac{q^2}{3}+600q$

これを微分すると，限界収入は，$MR=-\dfrac{2}{3}q+600$

特に $q=300$ のとき，$MR=400$

(b) $q \ge 300$ のとき，$q=700-\dfrac{4}{5}p$ より，$p=875-\dfrac{5}{4}q$

したがって，総収入は，$TR=pq=\left(875-\dfrac{5}{4}q\right)q$

これを微分すると，限界収入は，$MR=-\dfrac{5}{2}q+875$

特に $q=300$ のとき，$MR=125$

屈折点における数量を供給するのが最適となるのは，$q=300$ において2本の限界収入曲線の間を限界費用曲線が通っている場合であり，(a)，(b)より，そのようになる限界費用の範囲は，

$$125 \le MC \le 400$$

2. 価格差別

消費者余剰の重要性

第2章で個別需要曲線について触れたが，そのとき重要な概念の1つが消費者余剰であった。消費者は市場価格を払って財・サービスを購入・消費するが，実際に消費者が得られる効用の大きさは，個別需要曲線（限界効用曲線）の高さまでである。したがって，総効用と総支出の間に差が生じ，この差が消費者余剰であった（図2-5参照）。

消費者余剰＝総効用－総支出

これは消費者個人の側から見ればお得感，メリットであり，企業の側から見ても顧客満足度と言えるかもしれない。同様に，市場全体についても，消費者余剰が生じていれば，それは消費者らが実際に支払う金額（総支出＝企業の売上高）以上の効用（満足度）を得ているということを意味する。

しかしながら，消費者余剰の存在は，企業の側から見ると利潤獲得（売上高増）の機会を意味する。図2-6の例では，ある財・サービスを同一の価格で6つ販売すると，企業の売上高は，200×6＝1,200であるが，もし6つをそれぞれ異なる価格で消費者に販売できれば，企業の売上高は，600＋500＋400＋300＋250＋200＝2,250まで増えるということが確認された。これが価格差別という考え方である。

価格差別とは

Arthur Cecil Pigou
(1877-1959)

価格差別とは，同一の財・サービスを異なる市場・消費者に対して異なる価格で販売することを指す。消費者の支払い意欲や需要の価格弾力性の違いに注目し，利潤獲得の機会を最大限に利用する戦略である。つまり，高くても買う消費者には高く売り，安くないと買わない消費者には安く売るということにより，総収入（売上高）の拡大を図る。

ただし，これが成立するには，転売が不可能でなければならない。転売が可能な場合，安い価格で買える消費者が安く買って他の消費者に高い価格で売るという裁定取引が生じ，一物一価に収束してしまう（企業は価格差別を行えなくなる）からである。また，競合他社がいる地域にのみ，あるいは，競合他社と取引しない相手にのみ廉価販売を行うようなことは，独占禁止法違反となる恐れがあるので注意が必要である。

価格差別は程度により3つに分類され，第1次価格差別（完全価格差別），第2次価格差別，第3次価格差別と呼ばれてきた。[41]

第1次価格差別（完全価格差別）

第1次価格差別（完全価格差別）は，各消費者の需要価格（支払い意欲）に等しい価格で個別に販売することにより，最大限の利潤を獲得する方法である（図10-5）。

単純化のために限界費用が一定（限界費用曲線が水平な直線）と仮定し，すべてを単一の価格で販売したとすると，価格p_aならば需要量はq_a，価格p_bならば需要量はq_b，価格p_cならば需要量はq_cであり，それぞれ市場需要曲線より下で価格線より上の部分が消費者余剰，価格線と限界費用曲線の間は生産者余剰となる。

しかし，これらを別々の価格で販売したとすると，価格線と市場需要曲線の交点にいる消費者は，価格とちょうど同じだけの効用しか見出していないので，消費者余剰（＝総効用−総支出）はゼロである。もし3段階の価格ではなく1円刻みで各消費者に販売したとすれば，消費者の消費者余剰は全体としてもゼロとなり，すべて生産者余剰に移転される（図10-5灰色部分）。その場合，企業は市場から得られる可能性のある利潤を最大限に引き出していることになる。

とは言え，このような完全な価格差別を行うには，全消費者の支払い意欲，

---

41) 価格差別のこれら3分類による分析はピグーによって行われた。アーサー・C・ピグー著，気賀健三・千種義人ほか訳（1954）『厚生経済学（第2分冊）』東洋経済新報社。

つまり，財・サービスからどのくらいの効用を見出すかということに関する情報を把握していなければならない。すべて把握しようとすれば膨大な取引費用がかかるため，数段階のみの価格差別を行うのが現実的であるが，十分な情報があれば細かな価格差別を行うことも可能となる。最近の人工知能を用いた変動価格制（ダイナミック・プライシング）は，できる限り完全に近い価格差別を実現しようとする試みであると言えよう。

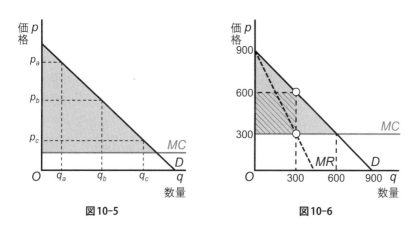

図10-5 図10-6

たとえば，ある寡占市場において，ある企業の需要曲線が $D = 900 - p$，限界費用曲線が $MC = 300$ であるとする（図10-6）。この企業が単一の価格で販売するときの価格と生産者余剰，完全価格差別のときの生産者余剰を考える。

単一価格販売のとき，需要曲線より，$p = 900 - q$

総収入は，$TR = pq = (900 - q)q = -q^2 + 900q$

これを微分して，限界収入は，$MR = -2q + 900$

この企業が利潤最大化するとき，限界収入＝限界費用より，$q = 300$

これを $p = 900 - q$ に代入して，$p = 600$

したがって，単一価格販売のときの価格は600であり，そのときの生産者余剰は図10-6の斜線部分となるので，

$$PS = 300 \times 300 = 90000$$

また，完全価格差別のときの生産者余剰は，図10-6の灰色部分となるので，

$$PS = 600 \times 600 \times \frac{1}{2} = 180000$$

第2次価格差別

　第2次価格差別は，消費者に複数の選択肢を与えることによって，自己選択によるスクリーニング（ふるい分け）を図り，異なる価格で販売する方法である。たとえば，定価販売を行う一方でバーゲンセールを行う，定価販売を行う一方でクーポンを配布する，定価販売を行う一方でポイントやスタンプを付与する，定価販売を行う一方でインターネット割引を行うといった方法により，定価販売では購入することのない消費者を惹きつけることができる。支払い意欲が低い，あるいは需要の価格弾力性が大きい消費者だけが反応する販売方法を採用することにより，消費者をふるいに掛けているわけである。

　図10-7のように，たとえば，常にp_1のような高い価格で全消費者に販売しようとすると，販売方法2であれば購入したはずの消費者を市場から締め出してしまう（プライシング・アウト）。他方，多くの需要を得ようとして常にp_2のような低い価格で全消費者に販売しようとすると，販売方法1で得られたはずの生産者余剰，ひいては利潤を失ってしまう（消費者余剰が増える）。このような場合，あえて複数の販売方法を採用することにより，利潤を確保しつつ多くの需要を得られる。

第3次価格差別

　第3次価格差別は，消費者の外形的なシグナル（年齢，身分，時間，地域など）によって市場を細分化し，異なる価格で販売する方法である。たとえば，大人

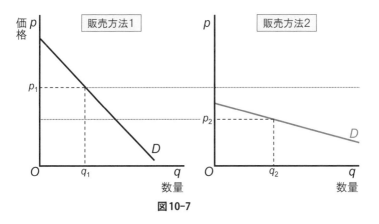

図 10-7

料金と子供料金，一般料金と学生割引，ピーク料金とオフピーク料金，国内価格と海外価格のように，別々の価格で同じものが販売されている例がある。これらは細分化された市場（セグメント）ごとに支払い意欲や需要の価格弾力性に応じた価格を設定している例である。

　図10-8のように，たとえば，p_1のような高い価格ですべての消費者に販売しようとすると，セグメント2の消費者を市場から締め出してしまう（プライシング・アウト）。他方，両方のセグメントでp_2のような低い価格ですべての消費者に販売しようとするとセグメント1で得られたはずの多くの利潤を失ってしまう（消費者余剰が増える）。このような場合，異なるセグメントごとに異なる価格を設定することにより，利潤を確保しつつ多くの需要を得られる。

3. 二部料金制

二部料金制とは

　最後に二部料金制について考えよう。二部料金制とは，消費者に対して，定額部分（基本料金）と数量に比例する部分との合計として料金を設定する方法である。たとえば，スマートフォンの基本料金と通話料・通信料，タクシーの初乗り運賃と加算運賃，遊園地の入場料と乗り物料金，さまざまなサービスの

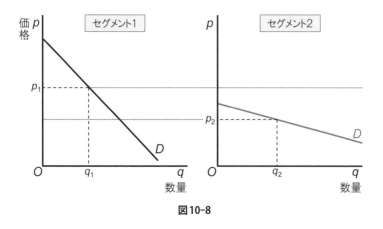

図10-8

入会金・年会費と利用料のような例がある。[42]

　これらの例では，定額部分をF，数量qに比例する部分の価格をpとすると，消費者の総支出は$F+pq$のように表される（図10-9）。通常の単一価格販売では，価格p，数量qのもとでの消費者の総支出はpqのみである。二部料金制では，それに加えて単一価格販売の場合の消費者余剰（図10-9灰色部分）に等し

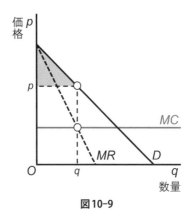

図10-9

<hr />

42) 二部料金制に関する分析はオイによって行われた。Oi, W. Y. (1971), "A Disneyland Dilemma: Two-Part Tariffs for a Mickey Mouse Monopoly," *The Quarterly Journal of Economics*, vol. 85, no.1, pp. 77-96.

い額を定額部分（基本料金）Fとして徴収する。消費者はこのFの分だけ多めに支払うことになるが，もともと需要曲線の高さまでは効用を得ているため，支払ってもよいと考えていた額である。結果として，企業の生産者余剰，ひいては利潤は，このFの分だけ増えることになる。

　では，利潤を最大にするには，どのように料金を設定すればよいのか。先ほど定額部分Fは消費者余剰に等しい額になると述べたが，そもそも消費者余剰の大きさは価格pの水準によって変わる。利潤を最大にするには，価格pを限界費用に等しくなる水準まで下げればよい（図10-10）。価格を下げることにより需要量と消費者余剰（になるはずの部分）が最大となるので，そのうえで，消費者余剰になるはずの部分を基本料金Fとして徴収する。すると，企業は，最大限の需要を得つつ，最大の利潤（のもとになる生産者余剰）を得ることができる。

　この二部料金制は，先ほどの分類で言えば第2次価格差別である。消費する数量をq，数量に比例する部分の価格をp，定額部分をFとすると，$F + pq$を消費者は支払うが，1回消費するごとの平均価格を考えると$\frac{F + pq}{q}$である。このように捉えると，消費する数量qが多いほど平均価格は安くなり，定額部分がお得になっていくことが分かる。これは消費する数量の多寡という消費者の属性によって異なる価格設定をしているという意味において，第2次価格差別になっている。

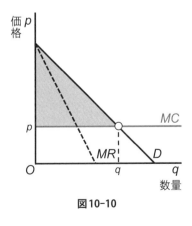

図10-10

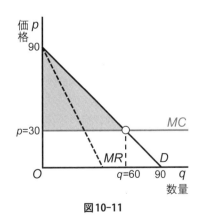

図10-11

たとえば，ある企業に対する一消費者の需要曲線が$D = 90 - p$，限界費用曲線が$MC = 30$であるとする（図10-11）。この企業が二部料金制をとるとき，この消費者から得る利潤が最大となる料金設定（定額部分Fと数量比例部分の価格p）を考える。

　利潤を最大にするには，まず，数量比例部分の価格pを限界費用に等しくなる水準まで下げるので，

$$p = MC = 30$$

そのうえで，消費者余剰になるはずの部分を定額部分（基本料金）Fで徴収するので，

$$F = 60 \times 60 \times \frac{1}{2} = 1800$$

したがって，定額部分Fを1800，数量比例部分の価格pを30に設定すればよい。

《計算問題》

・ある寡占市場において，ある企業の需要曲線が，価格引き上げ時には$q = 1800 - 3p$，価格引き下げ時には$q = 700 - \frac{4}{5}p$であるとき，この企業にとって需要曲線の屈折点における数量を供給するのが最適となる，限界費用の範囲を求めなさい。（ヒント：152ページ参照）

（答え：$125 \leqq MC \leqq 400$）

・ある寡占市場において，ある企業の需要曲線が，価格引き上げ時には$q = 1600 - 2p$，価格引き下げ時には$q = 1000 - p$であるとき，この企業にとって需要曲線の屈折点における数量を供給するのが最適となる，限界費用の範囲を求めなさい。

（答え：$200 \leqq MC \leqq 400$）

- ある寡占市場において，ある企業の需要曲線が $D = 900 - p$，限界費用曲線が $MC = 300$ である。この企業が単一の価格で販売するときの価格と生産者余剰，完全価格差別のときの生産者余剰を求めなさい。（ヒント：155ページ参照）

    （答え：単一価格販売のとき $p = 600$ で $PS = 90000$，完全価格差別のとき $PS = 180000$）

- ある寡占市場において，ある企業の需要曲線が $D = 1000 - p$，限界費用曲線が $MC = 200$ である。この企業が単一の価格で販売するときの価格と生産者余剰，完全価格差別のときの生産者余剰を求めなさい。

    （答え：単一価格販売のとき $p = 600$ で $PS = 160000$，完全価格差別のとき $PS = 320000$）

- ある企業に対する一消費者の需要曲線が $D = 90 - p$，限界費用曲線が $MC = 30$ である。この企業が二部料金制をとるとき，この消費者から得る利潤が最大となる料金設定（定額部分 F と数量比例部分の価格 p）を求めなさい。（ヒント：160ページ参照）

    （答え：$p = 30$，$F = 1800$）

- ある企業に対する一消費者の需要曲線が $D = 100 - p$，限界費用曲線が $MC = 20$ である。この企業が二部料金制をとるとき，この消費者から得る利潤が最大となる料金設定（定額部分 F と数量比例部分の価格 p）を求めなさい。

    （答え：$p = 20$，$F = 3200$）

第11章

製品戦略

1. 製品多様化

製品多様化とは

　製品多様化とは，同一の企業が異なる消費者・市場に対して異なる財・サービスを販売することを指す。消費者の支払い意欲や需要の価格弾力性の違いに注目し，利潤獲得の機会を最大限に利用する戦略である。つまり，高くても買う消費者には高い製品を売り，安くないと買わない消費者には安い製品を売ることにより，総収入（売上高）の拡大を図る。これは一見すると価格差別に似ているが，同一製品を異なる価格で販売するのではなく，製品そのものが異なるという点が価格差別との違いである。製品そのものが異なるため，価格差別の場合のように転売による裁定取引が生じる恐れはない。

　たとえば，自動車の高級車と大衆車，航空機のビジネスクラスとエコノミークラス，ホテルのデラックスルームとスタンダードルーム，お弁当の幕の内弁当と海苔弁当のような例がある。このような例は，消費者の支払い意欲，需要の価格弾力性の違いに応じて，異なる製品を提供している。図11-1のように高価格 p_1 の製品1と低価格 p_2 の製品2があった場合，もし高価格の製品1のみにすると，低価格の製品2を買ったはずの消費者を市場から締め出してしまう（プライシング・アウト）。他方，もし低価格の製品2のみにすると，高価格の製品1で得られたはずの利潤を失ってしまう（消費者余剰が増える）。両方の製品を販売すれば，できるだけ多くの消費者からできるだけ多くの利潤を得ることができる。

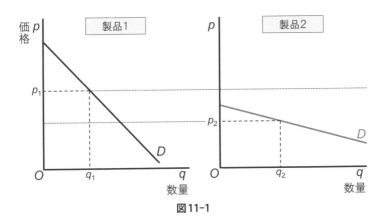

図11-1

2. 製品バンドリング

製品バンドリングとは

　製品バンドリングとは，複数の財・サービスを組み合わせ，1つのパッケージとして販売することを指す。[43] これは複数の財・サービスに対する消費者の需要価格（支払い意欲）の違いに注目し，利潤獲得の機会を最大限に利用する戦略である。つまり，高くても単一の財・サービスを買う消費者にはそれを売り，複数の財・サービスを買う消費者には複数の財・サービスを同時に売ることにより，総収入（＝売上高＝価格×数量）の拡大を図っている。ただし，売れないものを売れるものと組み合わせて購入させる抱き合わせ販売は，独占禁止法違反となる恐れがあるため，個別に購入できる選択肢を消費者に残しておくよう注意が必要である。

　たとえば，旅行のパッケージでは宿と航空券とレンタカーがセットになっており，衛星放送の契約では複数のチャンネルがセットになっている。以下ではグラフを使いながら，製品バンドリングの効果を見ていこう。

---

43) 製品バンドリングに関する分析はアダムズとイエレンによって行われた。Adams, W. J. and Yellen, J. L. (1976), "Commodity Bundling and the Burden of Monopoly," *The Quarterly Journal of Economics*, vol. 90, no. 3, pp. 475-498.

単品販売

　まずは単品販売の場合である。財1，財2をそれぞれ単品として販売する場合を考える。図11-2のグラフの横軸は財1の価格，縦軸は財2の価格である。いま消費者A，B，C，D，Eがいて，財1，財2に対する各消費者の需要価格（支払い意欲）が点で示されている。たとえば，消費者Aは財1に200円，財2に800円まで払ってもよいと考えている。消費者Bは財1に200円，財2に200円，消費者Cは財1に800円，財2に200円，消費者Dは財1に600円，財2に600円，消費者Eは財1に1000円，財2に1000円まで払ってもよいと考えている。

　財1，財2をそれぞれ単品として販売する場合，需要価格（支払い意欲）が単品価格を上回る消費者のみが購入していく。たとえば財1が500円，財2が500円だとすると，2本の価格線によって区切られた領域により，消費者が買うか否かが分かれる。左下の領域にいる消費者Bは，どちらも需要価格が単品価格を下回っているので購入しない。右下の領域にいる消費者Cは財1のみ，需要価格が単品価格を上回っているので購入する。左上の領域にいる消費者Aは財2のみ，需要価格が単品価格を上回っているので購入する。右上の領域にいる消費者Dと消費者Eは，いずれの財も需要価格が単品価格を上回っているので両方購入する。このとき消費者余剰（＝総効用－総支出）を計算してみると，以下のようになる。

Janet Louise Yellen
（1946-）

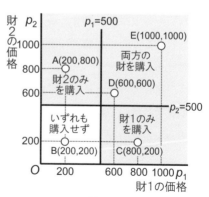

図11-2

消費者Aの消費者余剰：$CS_A = 800 - 500 = 300$（財2のみ購入）

消費者Bの消費者余剰：$CS_B = 0$（購入しない）

消費者Cの消費者余剰：$CS_C = 800 - 500 = 300$（財1のみ購入）

消費者Dの消費者余剰：$CS_D = (600 - 500) + (600 - 500) = 200$（両方購入）

消費者Eの消費者余剰：$CS_E = (1000 - 500) + (1000 - 500) = 1000$（両方購入）

　他方，財1，財2の限界費用をともに300円で一定と仮定して，生産者余剰（＝総収入−可変費用）を計算してみると，以下のようになる。

財1の生産者余剰：$PS_1 = 500 \times 3 - 300 \times 3 = 600$

財2の生産者余剰：$PS_2 = 500 \times 3 - 300 \times 3 = 600$

全体の生産者余剰：$PS = PS_1 + PS_2 = 600 + 600 = 1200$

セット販売（バンドリング）

　今度は単品販売を行わずにセット販売（製品バンドリング）を行う場合を考える。2財の場合，財1と財2をセットで販売するということである。その場合，2財の需要価格（支払い意欲）の合計がセット価格を上回る消費者のみが購入するようになる。

　図11-3のグラフは，先ほどと同様に横軸が財1の価格，縦軸が財2の価格である。2財に対する消費者5名の好み，需要価格（支払い意欲）は先ほどと同じになっている。たとえば，2財をセットで1000円で販売する場合，その価格線は$p_1 + p_2 = 1000$であるから，右下がりの直線になる。するとこの線によって区切られた領域により，消費者がセットで購入するか否かが分かれる。左下の領域にいる消費者Bは，どちらも200円まで払ってもよいと考えているが，合計して400円にしかならないため，セットで1000円で売られているものは購入しない。ちょうど価格線上にいる消費者AとCやそれより右上の領域にいる消費者DとEは，両方を合わせたときに1000円以上払ってもよいと考えているので，1000円のセットを購入する。このとき消費者余剰（＝総効用−総支出）を計算

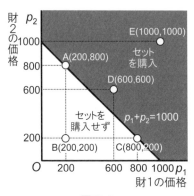

図11-3

してみると，以下のようになる。

消費者Aの消費者余剰：$CS_A = (200 + 800) - 1000 = 0$（セットを購入）

消費者Bの消費者余剰：$CS_B = 0$（購入しない）

消費者Cの消費者余剰：$CS_C = (800 + 200) - 1000 = 0$（セットを購入）

消費者Dの消費者余剰：$CS_D = (600 + 600) - 1000 = 200$（セットを購入）

消費者Eの消費者余剰：$CS_E = (1000 + 1000) - 1000 = 1000$（セットを購入）

他方，財1，財2の限界費用をともに300円で一定と仮定して，合計4セット販売する場合の生産者余剰（＝総収入−可変費用）を計算してみると，以下のようになる。

セットの生産者余剰：$PS = PS_{bundle} = 1000 \times 4 - 600 \times 4 = 1600$

先ほどの単品販売の場合と比べてみると，消費者余剰が減って生産者余剰が増えていることが分かる。このような販売方法，バンドリングは，2財の需要価格の間に負の相関がある場合，つまり一方に対して多く支払う消費者が他方に対してはあまり支払わないような需要価格の関係があるときに有効である。

そのようなときには，価格線よりも右上の領域に多くの消費者が入るような価格設定をしやすく，その分，多くの消費者余剰を生産者余剰として吸収することができる。

混合バンドリング

　今度は混合バンドリング，つまり財1，財2の単品販売とセット販売を同時に行う場合を考える。その場合，消費者の需要価格（支払い意欲）に応じて，単品で購入する消費者とセットで購入する消費者がいる。

　先ほどと同様に図11-4のグラフの横軸は財1の価格，グラフの縦軸は財2の価格，そして消費者5名の好み，需要価格（支払い意欲）も変わらないとする。セット販売の価格も先ほどと同じ1000円とするが，単品販売の価格は財1，財2ともに700円とする。それぞれ700円のところに価格線を引くが，セット販売の価格線と交わる点で90度折り曲げてある。すると，この線で区切られた領域により，それぞれの消費者がどのように購入するかが分かれる。左下の領域にいる消費者Bはどちらも200円までしか払いたくないと考えているので，いずれの財もあるいはセットも購入しない。他方，右上の領域にいる消費者Dや消費者Eはセットで購入する。これは一方の財が700円で売られているとき，もう一方の財に300円以上の価値を見出せば消費者がセットで買うことが得となるからである。左上の領域にいる消費者Aはセットで買わずに財2のみを購入する。セットで購入してしまうと消費者余剰が減るからである。右下の領域にいる消費者Cはセットで買わずに財1のみを購入する。こちらもセットで購入してしまうと消費者余剰が減るからである。このとき消費者余剰（＝総効用－総支出）を計算してみると，以下のようになる。

　消費者Aの消費者余剰：$CS_A = 800 - 700 = 100$（財2のみ購入）

　消費者Bの消費者余剰：$CS_B = 0$（購入しない）

　消費者Cの消費者余剰：$CS_C = 800 - 700 = 100$（財1のみ購入）

　消費者Dの消費者余剰：$CS_D = (600 + 600) - 1000 = 200$（セットを購入）

消費者Eの消費者余剰：$CS_E = (1000 + 1000) - 1000 = 1000$（セットを購入）

他方，財1，財2の限界費用をともに300円で一定と仮定して，生産者余剰（＝総収入－可変費用）を計算してみると，以下のようになる。

セットの生産者余剰： $PS_{bundle} = 1000 \times 2 - 600 \times 2 = 800$

財1のみの生産者余剰：$PS_1 = 700 \times 1 - 300 \times 1 = 400$

財2のみの生産者余剰：$PS_2 = 700 \times 1 - 300 \times 1 = 400$

全体の生産者余剰： $PS = PS_{bundle} + PS_1 + PS_2 = 800 + 400 + 400 = 1600$

先ほどのセット販売のみの場合と比べると，消費者Aと消費者Cは単品で購入することができるようになったので，消費者余剰は全体として増えている。他方，生産者余剰の合計は先ほどと変わっていないが，これは価格の設定の仕方がまだ最適となっていないからである。

生産者余剰が最大となる最適な価格の設定の仕方は，

$p_1 = 800$

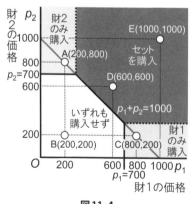

図11-4

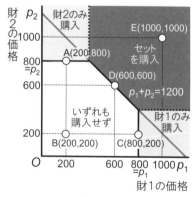

図11-5

$$p_2 = 800$$
$$p_1 + p_2 = 1200$$

である。このとき，消費者余剰（＝総効用－総支出）を計算してみると，以下のようになる。

消費者Aの消費者余剰：$CS_A = 800 - 800 = 0$（財2のみ購入）

消費者Bの消費者余剰：$CS_B = 0$（購入しない）

消費者Cの消費者余剰：$CS_C = 800 - 800 = 0$（財1のみ購入）

消費者Dの消費者余剰：$CS_D = (600 + 600) - 1200 = 0$（セットを購入）

消費者Eの消費者余剰：$CS_E = (1000 + 1000) - 1200 = 800$（セットを購入）

他方，財1，財2の限界費用をともに300円で一定と仮定して，生産者余剰（＝総収入－可変費用）を計算してみると，以下のようになる。

セットの生産者余剰：　$PS_{bundle} = 1200 \times 2 - 600 \times 2 = 1200$

財1のみの生産者余剰：$PS_1 = 800 \times 1 - 300 \times 1 = 500$

財2のみの生産者余剰：$PS_2 = 800 \times 1 - 300 \times 1 = 500$

全体の生産者余剰：　　$PS = PS_{bundle} + PS_1 + PS_2 = 1200 + 500 + 500 = 2200$

このように価格を適切に設定すると，単品販売のみあるいはセット販売のみの場合と比べて，混合バンドリングを行った方が消費者余剰が小さく，その分多くの生産者余剰が得られることが分かる。

3. 製品差別化

製品差別化とは

製品差別化とは，他の企業と異なる財・サービスを販売することにより，消

費者・市場を獲得しようとする方法のことである。冒頭で見た製品多様化が同一企業内に財・サービスの異質性をもたらすのに対して、製品差別化は企業間での財・サービスの異質性をもたらす戦略である。適切な製品差別化を行えば、価格競争を回避することができる。逆に言えば、財・サービスがまったく同一の場合には、他の企業との価格競争に陥らざるを得ない。

ただし、製品差別化が常に正しい戦略であるとは限らない。時にはシェア獲得のために他の企業の製品に近づけ模倣すべき状況も考えられるからである。

ホテリング・モデル

この問題を考えるために、ホテリング・モデルというモデルを用いる[44]。モデルの前提として、何らかの製品の性質の違いが0から1までの数直線上の位置で表されているとする。そして、さまざまな好みを持つ消費者がこの直線上に均一におり、自分の好みに近い製品を購入すると考える。

たとえば、カレーを例にとって、0が激甘、1が激辛のカレーを表すとし、2つの企業がカレーを製造して競争していくことを考えよう（図11-6）。消費者は

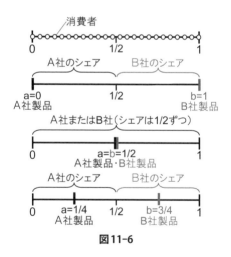

図11-6

44）ホテリングは立地に関する非価格競争のモデルを提示した。Hotelling, H. (1929), "Stability in Competition," *The Economic Journal*, vol. 39, no. 153, pp. 41-57.

甘い方が良いか，辛い方が良いか，それぞれ自分の好みに近い点の製品を購入する。

A社が激甘，B社が激辛のカレーを作るとしたら，$a=0$，$b=1$と表す。このとき，A社，B社のシェアは消費者を半分ずつ分け合って$\frac{1}{2}$ずつとなる。

他方，両社がいずれも甘くもなく辛くもない中間のカレーを作ったとすると，$a=b=\frac{1}{2}$である。このとき，他の条件が同じならば，消費者から見てA社，B社の製品は区別がつかないので，A社，B社のシェアは$\frac{1}{2}$ずつになると考える。

あるいは，$a=\frac{1}{4}$，$b=\frac{3}{4}$のときも，消費者は自分の好みに近いものを選択するので，A社，B社のシェアは$\frac{1}{2}$ずつとなる。

ホテリング・モデル：製品差別化

では，両社がシェアを競い始めるとどうなるのか。たとえば図11-6の一番下のようにA社が$a=\frac{1}{4}$，B社が$b=\frac{3}{4}$の位置にいたとき，A社がシェアを増やそうとして，右方向に移動しB社に近づいていく。$a<b$のとき，両社はa, bの中間でシェアを分け合う。A社のシェアは左端から$\frac{a+b}{2}$まで，B社のシェアは残りの部分なので$1-\frac{a+b}{2}$となる（図11-7）。

しかし，これを見たB社はシェアを増やそうとして，A社の少し左に移動する。$b<a$のとき，両社はbとaの中間でシェアを分け合う。B社のシェアは左端から$\frac{a+b}{2}$まで，A社のシェアは残りの部分なので$1-\frac{a+b}{2}$である。

すると，これを見たA社はシェアを増やそうとして，B社の少し左に移動する。このときも両者はa, bの中間でシェアを分け合う。

このようにして，競争の結果，2社は$a=b=\frac{1}{2}$となり，A社，B社のシェアは$\frac{1}{2}$ずつとなる。消費者から見ても，A社の製品とB社の製品が同じに見える状態である。両社ともここから移動してもシェアを増やすことができないため，ここで均衡となり，製品差別化は生じない。ただし，この場合，両社は同じものを供給していることになるので，価格競争に陥る可能性が高い。

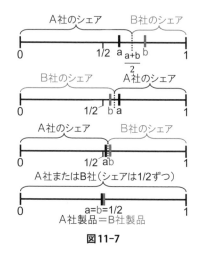

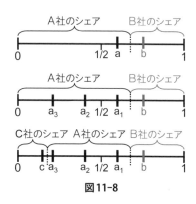

図11-7 図11-8

ホテリング・モデル：製品差別化＋多様化

　価格競争に陥らないようにするには，本章の冒頭で触れた製品多様化を組み合わせることが有効である。以下，市場内の製品数が3以上の場合を考えていこう。

　A社が$\frac{7}{12}$，B社が$\frac{3}{4}$の位置にいるとき，B社がシェアを増やそうとして，A社の少し左に移動することが予想される（図11-8）。この場合，A社は同一市場に別の製品を投入すること（製品多様化）によって，B社のシェア拡大を阻止できる。たとえば，A社がa_1, a_2, a_3のように複数の製品を投入すると，B社は先ほどのようにはシェアを拡大することができない。

　ただし，このような状況で新たな企業C社がこの市場に参入する場合，図のようにC社は隙間市場（ニッチ）を狙って製品を投入すれば，できる限りのシェアを獲得することができる。左端からcとa_3の中間までがC社のシェアとなる。

　以上で見てきたホテリング・モデルは，本来は立地競争のモデルである。たとえば，コンビニなどが多くの客を得ようとして出店すると，互いの店舗が接近してくる現象が見られる。あるいは，二大政党政治において，それぞれが多

くの票を得ようとすると，2つの党の政策が類似してくる現象が知られている。このような現象も以上で見てきたのと同様の理屈によって説明することができるが，以下では製品差別化について価格の影響も含めて考えてみよう。

たとえば，製品の違いを表す0～1の数直線上で，企業Aの製品は$\frac{1}{2}$，企業Bの製品は1の位置にあり，いずれも限界費用は$\frac{1}{4}$であるとする（図11-9）。消費者はこの数直線上に均一におり，製品の価格がp，自身の好みとの距離がdであるとき，$p+d$が小さい方の製品を購入する。このとき，企業A，Bが設定すべき価格を考える。

企業A，Bの製品に関して無差別な消費者の位置をxとすると，

$$p_A + \left(x - \frac{1}{2}\right) = p_B + (1-x)$$

各企業のシェア（需要量）は，

$$D_A = x = \frac{p_B - p_A}{2} + \frac{3}{4}$$

$$D_B = 1 - x = \frac{p_A - p_B}{2} + \frac{1}{4}$$

したがって，各企業の総収入は，

$$TR_A = p_A D_A = -\frac{p_A^2}{2} + \left(\frac{p_B}{2} + \frac{3}{4}\right)p_A$$

$$TR_B = p_B D_B = -\frac{p_B^2}{2} + \left(\frac{p_A}{2} + \frac{1}{4}\right)p_B$$

これを各企業の価格で偏微分すると，限界収入は，

$$MR_A = \frac{\partial TR_A}{\partial p_A} = -p_A + \frac{p_B}{2} + \frac{3}{4}$$

$$MR_B = \frac{\partial TR_B}{\partial p_B} = -p_B + \frac{p_A}{2} + \frac{1}{4}$$

各企業の限界費用は，$MC_A = MC_B = \frac{1}{4}$

各企業が利潤最大化するとき，限界収入＝限界費用より，

$$-p_A + \frac{p_B}{2} + \frac{3}{4} = \frac{1}{4}$$

$$-p_B + \frac{p_A}{2} + \frac{1}{4} = \frac{1}{4}$$

したがって,

$$p_A = \frac{2}{3}, \quad p_B = \frac{1}{3}$$

ここで企業Aよりも企業Bの価格が低くなっているのは,企業Bの製品の位置（消費者の好みとの距離）が不利だからである。もし本章で見てきたように各企業が製品の位置を変えて競い始めれば全く別の話となるが,企業Aと企業Bが製品の位置を動かさないままで利潤最大化を図るならば,不利な位置にいる企業Bは価格をより低く設定してシェアを獲得しなければならない。

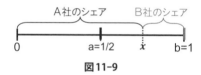

図11-9

《計算問題》

・市場で財1と財2（いずれも限界費用は300）に対する消費者Aの需要価格が200と800,消費者Bの需要価格が200と200,消費者Cの需要価格が800と200,消費者Dの需要価格が600と600,消費者Eの需要価格が1000と1000であるとき,生産者余剰が最大となる販売の仕方を求めなさい。（ヒント：168ページ参照）

（答え：$p_1 = 800$, $p_2 = 800$, $p_1 + p_2 = 1200$）

・市場で財1と財2（いずれも限界費用は300）に対する消費者Aの需要価格が100と 700，消費者Bの需要価格が100と100，消費者Cの需要価格が800と100，消費者Dの需要価格が500と500，消費者Eの需要価格が800と700であるとき，生産者余剰が最大となる販売の仕方を求めなさい。

（答え：$p_1 = 800$，$p_2 = 700$，$p_1 + p_2 = 1000$）

・製品の違いを表す0〜1の数直線上で，企業Aの製品は$\frac{1}{2}$，企業Bの製品は1の位置にあり，いずれも限界費用は$\frac{1}{4}$である。消費者はこの数直線上に均一におり，製品の価格がp，自身の好みとの距離がdであるとき，$p + d$が小さい方の製品を購入する。このとき，企業A，Bが設定すべき価格を求めなさい。（ヒント：173ページ参照）

（答え：$p_A = \frac{2}{3}$，$p_B = \frac{1}{3}$）

・製品の違いを表す0〜1の数直線上で，企業Aの製品は$\frac{1}{4}$，企業Bの製品は1の位置にあり，いずれも限界費用は$\frac{1}{8}$である。消費者はこの数直線上に均一におり，製品の価格がp，自身の好みとの距離がdであるとき，$p + d$が小さい方の製品を購入する。このとき，企業A，Bが設定すべき価格を求めなさい。

（答え：$p_A = \frac{5}{6}$，$p_B = \frac{2}{3}$）

数学に関する補遺

絶対値

$|x| \geqq 0$

$x \geqq 0$ のとき， $|x| = x$

$x < 0$ のとき， $|x| = -x$

たとえば， $\left| \dfrac{100 - 110}{20} \right| = \left| \dfrac{-10}{20} \right| = \dfrac{1}{2}$

指数

$x > 0$ のとき，

$x^0 = 1$

$x^{-n} = \dfrac{1}{x^n}$

$x^{\frac{m}{n}} = \sqrt[n]{x^m}$

と定めると， $x > 0, y > 0$ のとき， 有理数 m, n について，

$x^m x^n = x^{m+n}$

$\dfrac{x^m}{x^n} = x^{m-n}$

$(x^m)^n = x^{mn}$

$(xy)^n = x^n y^n$

$\left(\dfrac{x}{y} \right)^m = \dfrac{x^m}{y^m}$

たとえば， $\left(\dfrac{x^{\frac{4}{3}}}{x^{\frac{3}{2}}} \right)^2 = \left(x^{\frac{4}{3} - \frac{3}{2}} \right)^2 = x^{-\frac{1}{3}} = \dfrac{1}{\sqrt[3]{x}}$

微分

ある関数について導関数 (次式) を求めることを微分するという。

$$\frac{d}{dx}f(x) = f'(x) = \lim_{h \to 0}\frac{f(x+h)-f(x)}{h}$$

$$\frac{d}{dx}x^n = (x^n)' = nx^{n-1}$$

c を定数とすると, $\dfrac{d}{dx}c = (c)' = 0$

$\{kf(x)\}' = kf'(x)$

$\{f(x) + g(x)\}' = f'(x) + g'(x)$

$\{kf(x) + lg(x)\}' = kf'(x) + lg'(x)$

$\{f(x)g(x)\}' = f'(x)g(x) + f(x)g'(x)$

$\left\{\dfrac{f(x)}{g(x)}\right\}' = \dfrac{f'(x)g(x) - f(x)g'(x)}{\{g(x)\}^2}$

たとえば, $(x^3 + 2x^2 + 3x + 4)' = 3x^2 + 2 \cdot 2x^1 + 1 \cdot 3x^0 + 0 = 3x^2 + 4x + 3$

偏微分

複数の変数を持つ関数について, ある変数以外の変数をすべて定数とみなして微分することを偏微分という。

$$\frac{\partial}{\partial x}f(x, y, z, \ldots) = \lim_{h \to 0}\frac{f(x+h, y, z, \ldots) - f(x, y, z, \ldots)}{h}$$

たとえば, $\dfrac{\partial}{\partial x}(4x^2 + 3xy + 2y^2 + 1) = 4(x^2)' + 3y(x^1)' + (2y^2 + 1)(1)' = 8x + 3y$

あとがき

　筆者が初めて経済学に触れたのは，明治大学経営学部の藤江昌嗣先生の授業であった。当時の教科書は『ビジネス・エコノミックス─ミクロ編』(梓出版社，1997年) という本で，ミクロ経済学の理論を提示していく中に，経営を意識したトピックが巧みに織り込まれていた。同書はその後，増補改訂され，『新ビジネス・エコノミクス』(学文社，2016年) となっている。本書は経営への歩み寄りという点において，その足元にも及ばないが，その精神を受け継ごうという試みでもある。

　また，長尾史郎先生のゼミでは「組織の経済学」を学び，筆者のその後の研究につながる関心が決定づけられた。「経営学部における経済学」を考えるとき，組織にかかわる経済学，あるいは同じことであると思うが，システムという視点を持った経済学は不可欠に思われる。本書は，第1章の冒頭を除けば，「組織の経済学」そのもののテーマを扱っているわけではないが，従来のミクロ経済学の流れに沿いながらも，「組織の経済学」に隣接する領域の範疇にあり，当時の学びにも多くを負っている。

　さらに，明治大学経営学部の同僚の先生方からは，経済学に関連する諸分野，経営学，そして経営実践について，機会ある度に多くのご教示を頂いてきた。

　以上の数々の御恩と機会に恵まれてきたにもかかわらず，本書の試みは筆者の力不足により未だ道半ばであると認めざるを得ない。経済学を用いて解説すべき経営のトピックは多々あるものの，紙幅の都合上，また，標準的な経済学からの無理のない展開を重視するあまり，一部に留めざるを得なかった。それでも本書が僅かながらでも，経営や経済に関心のある方のお役に立つことがあれば，筆者としては嬉しい限りである。

　本書の執筆中に支えてくれた家族には，いつも以上に感謝しなければならない。執筆作業によって同居する家族との大切な時間が少し減ってしまったが，

妻は自宅での仕事が増えた筆者を煙たがることもなく常に応援し，4歳の息子は一緒に遊ぶことを少しだけ（しかし十分に）我慢してくれた。また，遠くで暮らす家族たちの存在も筆者の目標や拠り所として日々の支えになっている。

　出版にあたっては，学文社の編集者である落合絵里さんに大変お世話になり，今回も多くの貴重なご助言を頂いた。筆者の原稿の遅れにもかかわらず，本書がこうして無事に書籍として世に出るのは，偏に落合さんはじめ本書に携わってくださった皆様のお陰である。ここにすべての方のお名前を記すことはできないが，心からの謝意と尊敬の念を表したい。

　2022年3月

三 上 真 寛

索引

著者紹介

三上　真寛 (みかみ・まさひろ)

明治大学経営学部准教授。明治大学経営学部卒業，北海道大学大学院経済学研究科博士後期課程修了，博士（経済学）。著書に『ミクロ経済学：基礎へのアプローチ』（学文社，2020年），『マクロ経済学：基礎へのアプローチ』（学文社，2020年），訳書に『経済理論と認知科学：ミクロ的説明』（ドン・ロス著，長尾史郎監訳，学文社，2018年）など。

市場競争のためのビジネス・エコノミクス

2022年3月10日　第1版第1刷発行

著者　　三上　真寛

発行者　田中　千津子

発行所　㈱ 学 文 社

〒153-0064　東京都目黒区下目黒3-6-1
電話　03（3715）1501 ㈹
FAX 03（3715）2012
https://www.gakubunsha.com

印刷　新灯印刷（株）

ISBN978-4-7620-3129-8

ミクロ経済学
——基礎へのアプローチ

三上真寛 著

● 定価2200円（本体2000円＋税10%）
  ISBN978-4-7620-2934-9　A5判/136頁

経済学部以外の学生向けに編まれたミクロ経済学テキスト。経済学は確かに難しいが，実社会のなかで目に見えない仕組みを考えるための強力な道具となる。高度な数式による展開は避け，豊富な図表とともに丁寧に解説。理論の前提や限界についても深く考察するように設計。入門書として社会人の学び直しにも最適。

マクロ経済学
——基礎へのアプローチ

三上真寛 著

● 定価2200円（本体2000円＋税10%）
  ISBN978-4-7620-2935-6　A5判/142頁

経済学部以外の学生向けに編まれたマクロ経済学テキスト。景気に関わる因果関係はあまりにも複雑かつ膨大だが，マクロ経済学は一国経済全体を見渡すための強力な道具となる。高度な数式による展開は避け，豊富な図表とともに丁寧に解説。理論の前提や限界についても深く考察するように設計。

経済理論と認知科学
——ミクロ的説明

ドン・ロス 著 / 長尾史郎 監訳・三上真寛 訳

● 定価5940円（本体5400円＋税10%）
  ISBN978-4-7620-2794-9　A5判/536頁

意識，志向性，エージェンシー，セルフ，行動——経済学はこれらをどのように捉えるべきか。伝統的な経済理論の歴史と認知科学の最新の知見に基づいて，両者を結びつける正しい経済学のあり方を探求。行動経済学，経済心理学，実験経済学などの新たな潮流に哲学的基礎を与えると同時に，人間主義的な批判にさらされてきた経済学の地位を回復する試み。